音声ファイル無料ダウンロード

http://www.kinsei-do.co.jp/download/0714

この教科書で 🎧 DL 00 の表示がある箇所の音声は、上記 URL または QR コードにて無料でダウンロードできます。自習用音声としてご活用ください。

▶ PC からのダウンロードをお勧めします。スマートフォンなどでダウンロードされる場合は、**ダウンロード前に「解凍アプリ」をインストール**してください。

▶ URL は、**検索ボックスではなくアドレスバー（URL 表示欄）**に入力してください。

▶ お使いのネットワーク環境によっては、ダウンロードできない場合があります。

🔘 **CD 00** 左記の表示がある箇所の音声は、教室用 CD に収録されています。

目　　次

Elementary Chinese for Social Science Students

社会科学系学生のための
初級中国語

劉傑 *Liú Jié*
鄭成 *Zhèng Chéng*
黄斌 *Huáng bīn*

KINSEIDO

ま え が き

　このテキストは、中国語をはじめて学ぶ人のための初級中国語教材です。テキストは大学生活のなかで用いられる表現を中心に構成されていますが、社会科学を学ぶ学生を主な対象に想定し、地球環境問題、格差などの社会問題、文化交流などを話題に取り上げています。初級中国語を習得すると同時に、社会科学分野で使われる基礎的な中国語に接することができます。学習者がこのテキストを語学勉強の教材として活用するだけでなく、現代中国を観察する材料としても活用することを願っています。

　　内容構成：
　・発音　　　　ピンインを用いて、発音の基礎を勉強します。
　・本編　　　　前期　第1〜9課　　後期　第10〜18課
　　ポイント　　本文と会話に出てくる文法を明示し、例文をあげながら説明します。
　　本文　　　　前期は中国人留学生蔡鴻と日本人大学生小林美嘉の大学生活を中心とした内容構成です。後期は、環境問題、海外留学、貧困と格差などの話題を取り上げます。
　　会話　　　　前期は中国人留学生蔡鴻と日本人大学生小林美嘉の大学生活を中心とした内容構成です。後期は、蔡鴻と小林美嘉の二人が、環境問題などの話題について会話を展開する構成です。
　　トレーニング　多様な練習形式を通して、ポイントの定着をはかるとともに、語学実践力を身につけます。各課に日中訳とリスニングの練習問題が設けてあります。
　・索引　　　　このテキストで学習した単語をまとめて掲載しています。

　　教授方法
　本テキストは、本文と会話を担当する二人の教員が連携をとりながら進められるように構成されています。そのため、本文と会話の内容はそれぞれ独立しているが、文法のポイントなどは一体的な構成となっています。
　本テキストの作成にあたり、多くの方々のご協力をいただきました。
　内容や構成に関して、稲葉明子、王紅艶、江秀華、筒井紀美、花井みわ、劉岸麗の各先生から貴重なご助言をいただきました。
　早稲田大学助教のタンシンマンコン・パッタジットさん、院生の駱豊さん、王継洲さんに文章校正、ピンイン入力の労を執って頂きました。
　金星堂の川井義大氏には、企画段階から終始力強いサポートをいただきました。記して感謝を表します。

早稲田大学社会科学総合学術院中国語部会

【本テキストの品詞名表示法】

【名】名詞	【助動】助動詞	【量】量詞	【動】動詞	【助】助詞
【形】形容詞	【前】前置詞	【数】数詞	【副】副詞	【接】接続詞
【代】代名詞（人称・指示・疑問）	【慣】慣用表現	【擬】擬態語	【感】感嘆詞

発音

　中国語の漢字は、日本人には馴染深いですが、仮名に当たるものがありません。現代中国語では、漢字の発音を全て表音文字のローマ字で表しています。「ピンイン」と呼ばれています。日本語のローマ字は、母音と子音からなりますが、中国語のピンインには、母音（韻母）と子音（声母）の他に、イントネーションを表す声調があります。

　　中国語の音節＝子音（声母）＋母音（韻母）＋声調

1. 声調
 DL 01　CD 1-01

　中国語の声調は、「四声」とも呼ばれて、主に四種類があります。例えば、ローマ字のa は四声と組み合わせれば、次の通りとなります。

　　第1声　ā　高く平らにのばします。
　　　　　　　※最後まで同じ高さを保ちます。

　　第2声　á　急激に上げます。
　　　　　　　※出だしは日本語の平均の音程よりやや高くします。

　　第3声　ǎ　低く抑えます。
　　　　　　　※文中では最後を上げませんが、単独または文末は少し上がります。

　　第4声　à　急激に下げます。

　四声のほか、「軽声」という声調があります。ほかの音節に後ろにきます。前の音節の声調によって、高さが違います。

<table>
<tr><td>軽声　māma　第1声＋軽声</td><td>máma　第2声＋軽声</td></tr>
<tr><td>mǎma　第3声＋軽声</td><td>màma　第4声＋軽声</td></tr>
</table>

2. 単母音

日本語の「あいうえお」に当たる単母音は、七つあります。

a	口を大きく開けて発音します。
o	唇を丸く突き出すように発音します。
e	舌をそのままで、口をやや左右に開き「え」の口構えをし、のどの奥で「ウ」を発音します。
i (yi)	口をやや左右に開き、「イ」を言います。
u (wu)	思い切って唇を突き出し、口の奥から「ウ」を発音します。
ü (yu)	u を言うつもりで、唇をすぼめて「イ」を言います。
er	舌先を反らせて e を言います。

※前に子音がないとき、「u」は「wu」、「i」は「yi」、「ü」は「yu」のようにつづります。
※「i」に声調符号をつけるとき、上の「·」を無くします。

練習

（1）下記の単母音に四声をつけて発音しながら書きましょう。　

①　a　＿＿＿＿＿＿＿＿＿　　②　o　＿＿＿＿＿＿＿＿＿

③　e　＿＿＿＿＿＿＿＿＿　　④　yi　＿＿＿＿＿＿＿＿＿

⑤　wu　＿＿＿＿＿＿＿＿＿　　⑥　yu　＿＿＿＿＿＿＿＿＿

⑦　er　＿＿＿＿＿＿＿＿＿

（2）音声を聞いて、次の漢字のピンインをつけましょう。　🎧 DL 05　◉ CD 1-05

① 耳 _____　② 恶 _____　③ 一 _____　④ 五 _____

⑤ 鱼 _____　⑥ 二 _____　⑦ 雨 _____　⑧ 屋 _____

⑨ 儿 _____　⑩ 阿 _____

3. 子音
🎧 DL 06　◉ CD 1-06

音節の最初の部分の子音は合わせて 21 個あります。子音だけでは発音しにくいので、母音をつけて練習します。

	無気音	有気音	鼻音	摩擦音	側面音
唇音	b(o)	p(o)	m(o)	f(o)	
舌尖音	d(e)	t(e)	n(e)		l(e)
舌根音	g(e)	k(e)		h(e)	
舌面音	j(i)	q(i)		x(i)	
反り舌音	zh(i)	ch(i)		sh(i)	r(i)
舌歯音	z(i)	c(i)		s(i)	

練習

（1）音声を聞き、軽声に気を付けながら発音の練習しましょう。　🎧 DL 07　◉ CD 1-07

① 父方のおじいさん　　爷爷　yéye

② 母方のおばあさん　　奶奶　nǎinai

③ お父さん　　　　　　爸爸　bàba

④ お母さん　　　　　　妈妈　māma

⑤ お兄さん　　　　　　哥哥　gēge

⑥ お姉さん　　　　　　姐姐　jiějie

⑦ 弟さん　　　　　　　弟弟　dìdi

⑧ 妹さん　　　　　　　妹妹　mèimei

（2）音声を聞いて、次の発音を練習しましょう。　🎧 DL 08　◉ CD 1-08

① sī-shī　② rì-lì　③ sī-sū　④ xī-zhī　⑤ hā-fā

⑥ dā-tā　⑦ bā-pā　⑧ jī-qī　⑨ chī-cī　⑩ qū-cū

（3）音声を聞きながら、発音しましょう。　🎧 DL 09　◉ CD 1-09

① 鱼 ② 猪 ③ 虎 ④ 蛇 ⑤ 兔 ⑥ 字 ⑦ 茶 ⑧ 书 ⑨ 耳 ⑩ 笔

4. 複合母音

二つ以上の母音が連なっているもの。二重母音と三重母音がそれぞれ9個と4個ある。

・二重母音　＞型　（前をつよく）

ai　　　ei　　　ao　　　ou

・二重母音　＜型

ia　　　ie　　　ua　　　uo　　　üe
(ya)　　(ye)　　(wa)　　(wo)　　(yue)

・三重母音　＜＞型

iao　　　iou　　　uai　　　uei
(yao)　　(you)　　(wai)　　(wei)

＊（ ）の中は、子音がつかないときの表記。以降同じ。

声調記号のつけ方

・a が優先される。　　yáo
・a がなければ o か e につける。　　zhōu, tiē
・i.u が並べば後ろの方につける。　　jiǔ, guī
・i には、ī í ǐ ì のように、上の点をとって、声調記号をつける。　　jī, yì

綴りのルール

1. üe は前に j、q、x がつく場合、ue となる。
   qüe → que　　jüe → jue　　xüe → xue
2. ia　ie　ua　uo　üe は前に子音がない場合、綴りが以下のように変わる。
   ia → ya　　　　　　　ie → ye
   ua → wa　　　　　　　uo → wo
   üe → yue
3. iou の前に子音がつく場合、o が消えて、iu の綴りとなる。
4. uei の前に子音がつく場合、e が消えて、ui の綴りとなる。

（1）下記の複合母音に四声をつけて発音しながら書きましょう。　🎧DL 11　💿CD 1-11

① ai　＿＿＿＿＿＿＿＿＿　　② ei　＿＿＿＿＿＿＿＿＿

③ ao　＿＿＿＿＿＿＿＿＿　　④ ou　＿＿＿＿＿＿＿＿＿

⑤ ia(ya)　＿＿＿＿＿＿＿＿＿　　⑥ ie(ye)　＿＿＿＿＿＿＿＿＿

⑦ ua(wa)　＿＿＿＿＿＿＿＿＿　　⑧ uo(wo)　＿＿＿＿＿＿＿＿＿

⑨ üe(yue)　＿＿＿＿＿＿＿＿＿　　⑩ iao(yao)　＿＿＿＿＿＿＿＿＿

⑪ iou(you)　＿＿＿＿＿＿＿＿＿　　⑫ uai(wai)　＿＿＿＿＿＿＿＿＿

⑬ uei(wei)　＿＿＿＿＿＿＿＿＿

（2）発音してみよう。　🎧DL 12　💿CD 1-12

① yào（药）　　② yā（压）　　③ wǒ（我）　　④ wá（娃）

⑤ yè（夜）　　⑥ āi（哀）　　⑦ ào（奥）　　⑧ yé（爷）

⑨ yuè（月）　　⑩ ǒu（偶）　　⑪ yǒu（有）　　⑫ wèi（胃）

⑬ wài（外）　　⑭ éi（诶）

（3）音声を聞いて、次の漢字のピンインをつけてください。　🎧DL 13　💿CD 1-13

① 爱＿＿＿＿　　② 傲＿＿＿＿　　③ 欧＿＿＿＿　　④ 味＿＿＿＿

⑤ 蛙＿＿＿＿　　⑥ 也＿＿＿＿　　⑦ 握＿＿＿＿　　⑧ 越＿＿＿＿

⑨ 牙＿＿＿＿　　⑩ 亚＿＿＿＿

（4）発音された方に○をつけてください。　🎧DL 14　💿CD 1-14

① wèi（　）　wài（　）　　② yè（　）　yà（　）

③ yuè（　）　yòu（　）　　④ ǒu（　）　wǒ（　）

⑤ yào（　）　yà（　）　　⑥ yē（　）　yuē（　）

⑦ áo（　）　yáo（　）　　⑧ āi（　）　ēi（　）

5. 鼻母音

鼻母音表

an	en	ang	eng	ong
ian(yan)	in(yin)	iang(yang)	ing(ying)	iong(yong)
uan(wan)	uen(wen)	uang(wang)	ueng(weng)	
üan(yuan)	ün(yun)			

n と ng の発音の違い

n は、舌先が歯茎につけて、「案内」の「ん」と発音する。ng は舌根が軟口蓋に付けて、「案外」の「ん」と発音する。

綴りのルール

1. uen は前に子音がつく場合、e が消えて un となる。（ueng は子音がつかない）

   tuen → tun　　duen → dun

2. in　ing は前に子音がつかない場合、i の前に y がつき、yin と ying となる。

3. ian　iang　iong は前に子音がつかない場合、i が y に変わり、yan yang yong となる。

4. uan　uang　uen　ueng は前に子音がつかない場合、u が w に変わり、wan　wang　wen weng となる。

5. üan　ün は前に子音がつかない場合、yuan　yun となる。子音がつく場合、uan un となる。子音が j q x だけです。

   üan → yuan　　ün → un

   xüan → xuan　　xün → xun

「練習」

（1）下記の鼻母音に四声をつけて発音しながら書いてください。　

① an　＿＿＿＿＿＿＿＿＿　② ang　＿＿＿＿＿＿＿＿＿

③ en　＿＿＿＿＿＿＿＿＿　④ eng　＿＿＿＿＿＿＿＿＿

⑤ ong　＿＿＿＿＿＿＿＿＿　⑥ in(yin)　＿＿＿＿＿＿＿＿＿

⑦ ing(ying)　＿＿＿＿＿＿＿＿＿　⑧ ian(yan)　＿＿＿＿＿＿＿＿＿

⑨ iang(yang)　＿＿＿＿＿＿＿＿＿　⑩ uan(wan)　＿＿＿＿＿＿＿＿＿

⑪ uang(wang)　＿＿＿＿＿＿＿＿＿　⑫ uen(wen)　＿＿＿＿＿＿＿＿＿

⑬ ueng(weng)　＿＿＿＿＿＿＿＿＿　⑭ üan(yuan)　＿＿＿＿＿＿＿＿＿

⑮ ün(yun)　＿＿＿＿＿＿＿＿＿　⑯ iong(yong)　＿＿＿＿＿＿＿＿＿

(2) 発音してみよう。 🎧 DL 17　◉ CD 1-17

① ān（安） ② yuán（元） ③ áng（昂）

④ wèn（问） ⑤ ēn（恩） ⑥ yǒng（永）

⑦ yán（盐） ⑧ yáng（洋） ⑨ yīng（英）

⑩ yīn（因） ⑪ wén（文） ⑫ wēng（翁）

⑬ wàn（万） ⑭ yún（云）

(3) 音声を聞いて、次の漢字のピンインをつけてください。 🎧 DL 18　◉ CD 1-18

① 稳 _____ ② 眼 _____ ③ 翁 _____

④ 阳 _____ ⑤ 翁 _____ ⑥ 英 _____

⑦ 王 _____ ⑧ 岸 _____ ⑨ 案 _____

⑩ 训 _____

(4) 発音された方に○をつけてください。 🎧 DL 19　◉ CD 1-19

① ǎn（　　） ǎng（　　） ② wān（　　） wāng（　　）

③ ēn（　　） ēng（　　） ④ yàn（　　） yàng（　　）

⑤ yín（　　） yíng（　　） ⑥ yūn（　　） yuān（　　）

⑦ ǒng（　　） yǒng（　　） ⑧ wén（　　） wéng（　　）

6. 声調の変化

・二つ以上の三声が続く場合、前の三声が二声となる 🎧 DL 20　◉ CD 1-20

表記	実際の発音		
三声＋三声	二声＋三声		
nǐ hǎo	ní hǎo	你好	こんにちは
nǐ zǎo	ní zǎo	你早	おはようございます

・半三声 （三声の後ろに一声、二声または四声が続く場合、前の三声が半三声となる）

表記	実際の発音		
三声＋一声	半三声＋一声	wǒ chī	我吃
三声＋二声	半三声＋二声	wǒ xué	我学
三声＋四声	半三声＋四声	wǒ qù	我去
三声＋軽声	半三声＋軽声	wǒ men	我们

・軽声

　もともとの声調ではなく、軽く短く発音する音節のことは「軽声」と呼ばれる。基本的に単独では現れない。軽声の高さは前の音節の声調で決まる。

zhuō zi	mā ma	bà ba	nǐ men
桌子	妈妈	爸爸	你们

・"一"の声調変化　　　　　　　　　　　　　　　　　　　　　🎧 DL 21　　💿 CD 1-21

"一"は"一、二、三"のように、序数として使う場合、第一声で発音される。

> yī（一声）　èrshiyī　二十一（二十一）
>
> 　　　　　　dì yī cì　第一次（一回目）
>
> 　　　　　　xīngqīyī　星期一（月曜日）

"一"は数量を数える数詞として使う場合、その声調は次の音節の声調に応じて変化する。

> 　　　　　　　　　一声　yì zhōu　一周（一週間）
>
> yì（四声） ＋ 二声　yì nián　一年（一年）
>
> 　　　　　　　　　三声　yì qǐ　一起（一緒に）

> 　　　　　　　　　四声　yí duàn　一段（一段）
>
> yí（二声） ＋ 四声　yí dìng　一定（必ず）
>
> 　　　　　　　　　四声　yí zhuàng 一幢（一棟）

・r 化音　　　　　　　　　　　　　　　　　　　　　　　🎧 DL 22　　💿 CD 1-22

音節末に舌先を巻き上げて r を発音する現象は「r 化」と呼ばれる。漢字表記は"儿"となる。

wánr	huār	niǎor	shìr
玩儿	花儿	鸟儿	事儿

・"不"の声調変化　　　　　　　　　　　　　　　　　　　🎧 DL 23　　💿 CD 1-23

> 　　　　　　　　　一声　bù chī　不吃（食べない）
>
> bù（四声） ＋ 二声　bù dú　不读（読まない）
>
> 　　　　　　　　　三声　bù xuǎn 不选（選ばない）

> 　　　　　　　　　四声　bú huì　不会（できない）
>
> bú（二声） ＋ 四声　bú dà　不大（大きくない）
>
> 　　　　　　　　　四声　bú xiè　不谢（どういたしまして）

第1课　我姓小林

❶ 動詞述語文　　❷「です」に当たる動詞"是"　　❸ 人称代名詞
❹ 確認の疑問文"吗"　　❺ 助詞"的"　　❻ 副詞"也"

◎ ポイント1：　動詞述語文

中国語の動詞は英語とは違って、語形変化しません。目的語は一般的に動詞の後に置きます。

她们　写　信。　　　（彼女たちは手紙を書きます。）
Tāmen　xiě　xìn.

我　叫　蔡　鸿。　　（私は蔡鸿と申します。）
Wǒ　jiào　Cài　Hóng.

動詞述語文を否定にするとき、"不"を動詞の前に置いて、（意志・いつも・未来）「しない」という意味を表します。

她　不　写　作业。　　（彼女は宿題をしません。）
Tā　bù　xiě　zuòyè.

我　不　喝　茶。　　　（私はお茶を飲みません。）
Wǒ　bù　hē　chá.

◎ ポイント2：　「です」に当たる動詞"是"

動詞"是"は「A＝B（AはBである）」を表します。

我　是　日本人。　　（私は日本人です。）
Wǒ　shì　Rìběnrén.

我　不　是　日本人。　（私は日本人ではありません。）
Wǒ　bú　shì　Rìběnrén.

◎ ポイント3：　人称代名詞

	第一人称	第二人称		第三人称			疑問詞
単数	我 wǒ	你 nǐ	您 nín	他 tā	她 tā	它 tā	谁 shuí/shéi
複数	我们 wǒmen	你们 nǐmen		他们 tāmen	她们 tāmen	它们 tāmen	
	咱们 zánmen						

※ "咱们"は話し手と聞き手の双方を含みます。"我们"には通常、聞き手を含みません。
※ "您"は敬意を込めた二人称です。複数は"你们"を使います。

◎ ポイント4：　確認の疑問文 "…吗？"

平叙文の文末に語気助詞 "吗" を加えて、相手に肯定または否定の返事を求めます。

你 是 留学生 吗?　　　（あなたは留学生ですか。）
Nǐ shì liúxuéshēng ma?

他们 学习 汉语 吗?　　　（彼らは中国語を勉強しますか。）
Tāmen xuéxí Hànyǔ ma?

◎ ポイント5：　助詞 "的"

修飾語と名詞の間に置かれて、所有・所属・修飾関係を表します。

一年级 的 学生　　　　　（一年生）
yīniánjí de xuésheng

社会科学系 的 新生　　　（社会科学部の新入生）
shèhuìkēxuéxì de xīnshēng

"的" は後ろの名詞を代替する役割を果たす場合があります。

A 你 是 二年级 的 学生 吗?　　　（あなたは二年生ですか。）
Nǐ shì èrniánjí de xuésheng ma?

B 不 是，我 是 三年级 的。　　　（いいえ、私は三年生です。）
Bú shì, wǒ shì sānniánjí de.

家族、組織、人間関係などの場合、"的" は省略されます。

我们 大学（私たちの大学）　　　他 朋友（彼の友達）　　　我 妈妈（私の母）
wǒmen dàxué　　　　　　　　tā péngyou　　　　　　　wǒ māma

◎ ポイント6：　"也"

"也" は同類の動作・状態が並列していることを述べる副詞で、「～も」を表します。述語の前に置きます。

蔡 鸿 也 是 新生。　　　（蔡鴻さんも新入生です。）
Cài Hóng yě shì xīnshēng.

我 也 学习 日语。　　　（私も日本語を勉強します。）
Wǒ yě xuéxí Rìyǔ.

DL 25　CD 1-25

今天　开学。　小林　美嘉　和　蔡　鸿　一起　上课。　小林　是　大学
Jīntiān　kāixué.　Xiǎolín　Měijiā　hé　Cài Hóng　yìqǐ　shàngkè.　Xiǎolín　shì　dàxué

一年级　的　学生。　蔡　鸿　也　是　一年级　的　新生。　小林　是　日本人。
yīniánjí　de　xuésheng.　Cài Hóng　yě　shì　yīniánjí　de　xīnshēng.　Xiǎolín　shì　Rìběnrén.

蔡　鸿　是　中国　留学生。　他们　是　社会科学系　的。
Cài Hóng　shì　Zhōngguó　liúxuéshēng.　Tāmen　shì　shèhuìkēxuéxì　de.

他们　选修　历史　课。
Tāmen　xuǎnxiū　lìshǐ　kè.

DL 24　CD 1-24

■■■ 新出単語
• • • • • • • • • • • • • •

1. 今天 jīntiān【名】今日
2. 开学 kāixué【動】学期が始まる
3. 小林美嘉 Xiǎolín Měijiā【名】小林美嘉
4. 和 hé【前】～と
5. 蔡鸿 Cài Hóng【名】蔡鸿
6. 一起 yìqǐ【副】一緒に
7. 上课 shàngkè【動】授業に出る、授業を受ける
8. 是 shì【動】である
9. 大学 dàxué【名】大学
10. 一年级 yīniánjí【名】一年生
11. 的 de【助】～の
12. 学生 xuésheng【名】学生
13. 也 yě【副】～も
14. 新生 xīnshēng【名】新入生
15. 日本 Rìběn【名】日本
16. 人 rén【名】人
17. 中国 Zhōngguó【名】中国
18. 留学生 liúxuéshēng【名】留学生
19. 他们 tāmen【代】彼ら
20. 社会科学系 shèhuìkēxuéxì【名】社会科学部
21. 选修 xuǎnxiū【動】選択履修する
22. 历史 lìshǐ【名】歴史
23. 课 kè【名】授業

1. 次の単語のピンインを書きましょう。

① 今天 ＿＿＿＿＿＿＿＿＿　② 社会 ＿＿＿＿＿＿＿＿＿

③ 开学 ＿＿＿＿＿＿＿＿＿　④ 科学 ＿＿＿＿＿＿＿＿＿

⑤ 一起 ＿＿＿＿＿＿＿＿＿　⑥ 上课 ＿＿＿＿＿＿＿＿＿

⑦ 新生 ＿＿＿＿＿＿＿＿＿　⑧ 他们 ＿＿＿＿＿＿＿＿＿

2. （ ）の日本語に合うように、次の言葉を並べて、文を作りましょう。

① 留学生 也 她 是　　　　　　（彼女も留学生です。）
liúxuéshēng yě tā shì

＿＿＿＿＿＿＿＿＿＿＿＿＿＿＿＿＿＿＿＿＿＿＿＿＿＿

② 社会科学系 是 学生 他们 的　（彼らは社会科学部の学生です。）
shèhuìkēxuéxì shì xuésheng tāmen de

＿＿＿＿＿＿＿＿＿＿＿＿＿＿＿＿＿＿＿＿＿＿＿＿＿＿

③ 选修 课 历史 她们　　　　　（彼女たちは歴史の授業を選択履修します。）
xuǎnxiū kè lìshǐ tāmen

＿＿＿＿＿＿＿＿＿＿＿＿＿＿＿＿＿＿＿＿＿＿＿＿＿＿

3. 次の日本語を中国語に訳し、ピンインを付けましょう。

① 彼女たちは新入生です。

＿＿＿＿＿＿＿＿＿＿＿＿＿＿＿＿＿＿＿＿＿＿＿＿＿＿＿＿

＿＿＿＿＿＿＿＿＿＿＿＿＿＿＿＿＿＿＿＿＿＿＿＿＿＿＿＿

② 私たちは一緒に授業を受けます。

＿＿＿＿＿＿＿＿＿＿＿＿＿＿＿＿＿＿＿＿＿＿＿＿＿＿＿＿

＿＿＿＿＿＿＿＿＿＿＿＿＿＿＿＿＿＿＿＿＿＿＿＿＿＿＿＿

③ 彼らも社会科学部の学生です。

＿＿＿＿＿＿＿＿＿＿＿＿＿＿＿＿＿＿＿＿＿＿＿＿＿＿＿＿

＿＿＿＿＿＿＿＿＿＿＿＿＿＿＿＿＿＿＿＿＿＿＿＿＿＿＿＿

④ あなたは一年生ですか。

＿＿＿＿＿＿＿＿＿＿＿＿＿＿＿＿＿＿＿＿＿＿＿＿＿＿＿＿

＿＿＿＿＿＿＿＿＿＿＿＿＿＿＿＿＿＿＿＿＿＿＿＿＿＿＿＿

小林： 你 好！ 你 是 中国人 吗？
Nǐ hǎo! Nǐ shì Zhōngguórén ma?

DL 27　CD 1-27

蔡鸿： 是 啊。 你 也 是 中国人 吗？
Shì a. Nǐ yě shì Zhōngguórén ma?

小林： 不 是， 我 是 日本人。 你 叫 什么 名字？
Bú shì, wǒ shì Rìběnrén. Nǐ jiào shénme míngzi?

蔡鸿： 我 姓 蔡， 叫 蔡 鸿。
Wǒ xìng Cài, jiào Cài Hóng.

小林： 我 叫 小林 美嘉。
Wǒ jiào Xiǎolín Měijiā.

蔡鸿： 你 选修 汉语 课 吗？
Nǐ xuǎnxiū Hànyǔ kè ma?

小林： 是 的， 我 学习 汉语。
Shì de, wǒ xuéxí Hànyǔ.

蔡鸿： 小林， 请 多多 关照。
Xiǎolín, qǐng duōduō guānzhào.

日本人～
?!

DL 26　CD 1-26
■ ■ ■ 新出単語
....

1. 你好 nǐ hǎo【慣】こんにちは
2. 中国人 Zhōngguórén【名】中国人
3. 吗 ma【助】〜か
4. 啊 a【助】（語気を和らげる）…ね、…よ
5. 你 nǐ【代】あなた
6. 不 bù【副】〜ない
7. 叫 jiào【動】…という
8. 什么 shénme【代】何

9. 名字 míngzi【名】名前
10. 姓 xìng【動】姓は〜である
11. 汉语 Hànyǔ【名】中国語
12. 是的 shì de【慣】そうですね
13. 学习 xuéxí【動】習う、学習する
14. 请 qǐng【動】どうぞ〜してください
15. 多多关照 duōduō guānzhào【慣】よろしく
　　お願いします

1. 音声を聞いて、次の言葉のピインに声調を付けましょう。　🔽 DL 28　◉ CD 1-28

①　你好 nihao

②　名字 mingzi

③　一年级 yinianji

④　大学 daxue

⑤　关照 guanzhao

⑥　汉语 Hanyu

⑦　什么 shenme

⑧　中国人 Zhongguoren

⑨　日本 Riben

⑩　学习 xuexi

2. 音声を聞いて、下の質問に中国語で答えましょう。　🔽 DL 29　◉ CD 1-29

(1)　她叫什么名字?

_____

(2)　他们是社会科学系的学生吗?

_____

(3)　蔡鸿选修日本历史吗?

_____

3. 次の空欄を漢字で埋めましょう。

(1)　我（　　　　）学生。　　　　　　　　　　（私は学生です。）
　　　Wǒ　　　　　　 xuésheng.

(2)　你 是　中国　留学生（　　　）?　　　　（あなたは中国人留学生ですか。）
　　　Nǐ　shì　Zhōngguó　liúxuéshēng　　　　?

(3)　他 不 是（　　　　　　　　）。　　　　　（彼は中国人ではありません。）
　　　Tā　bú　shì　　　　　　　　　.

(4)　请（　　　　　　　　　　）。　　　　　　（どうぞ宜しくお願いします。）
　　　Qǐng　　　　　　　　　　.

4. 次の日本語を中国語に訳しましょう。

(1)　こんにちは！

_____

(2)　私は日本人です。

_____

(3)　私の苗字は蔡で、蔡鸿といいます。

_____

(4)　私は中国語を習います。

_____

第 2 课 校园很漂亮

❶ 形容詞述語文　　❷ 指示代名詞・場所代名詞
❸ 疑問詞疑問文　　❹ 勧誘を表す"吧"　　❺ 動詞の重ね方

◎ ポイント 1：　形容詞述語文

　形容詞がそのまま述語になります。肯定文では、述語形容詞の前に通常"很"を付けますが、強く発音しない限りは、「とても、非常に」という"很"の本来の意味がありません。そして、疑問文で"吗"を使う場合は、"很"は要りません。

他　很　高。　　　　　　　（彼は身長が高いです。）
Tā　hěn　gāo.

樱花　真　漂亮。　　　　　（桜は本当に綺麗です。）
Yīnghuā zhēn piàoliang.

天气　好　吗?　　　　　　（天気は良いですか。）
Tiānqì　hǎo　ma?

形容詞述語文の否定形は、"不"を用います。

天气　不　好。　　　　　　（天気は良くないです。）
Tiānqì　bù　hǎo.

校园　不　大。　　　　　　（キャンパスは大きくありません。）
Xiàoyuán bú dà.

今天　不　冷。　　　　　　（今日は寒くありません。）
Jīntiān　bù　lěng.

◎ ポイント 2：　指示代名詞と場所代名詞

这 (これ、それ) zhè	那 (あれ、それ) nà	哪 (どれ) nǎ
这个 (この、その、これ、それ) zhèige	那个 (あの、その、あれ、それ) nèige	哪个 (どの) něige
这儿　这里 (ここ、そこ) zhèr　zhèli	那儿　那里 (そこ、あそこ) nàr　nàli	哪儿　哪里 (どこ) nǎr　nǎli

疑問詞疑問文

　疑問詞疑問文は、語順が平叙文と同じで、尋ねる内容の位置に該当する疑問代名詞を置きます。
文末には、"吗"を付けることができません。

那　是　什么?　　　　　（あれは何ですか。）
Nà　shì　shénme?

你　最　喜欢　哪儿?　　（あなたはどこが一番好きですか。）
Nǐ　zuì　xǐhuān　nǎr?

谁　做　向导?　　　　　（誰が案内しますか。）
Shéi　zuò　xiàngdǎo?

◎ ポイント4 ： **語気助詞"吧"**

① 「～しませんか」「～しましょう」という提案・勧誘を表します。

我们　先　去　洗手间　吧。　　（私たちはまずお手洗いに行きましょう。）
Wǒmen　xiān　qù　xǐshǒujiān　ba.

我们　一起　逛　校园　吧。　　（一緒にキャンパスを散歩しましょう。）
Wǒmen　yìqǐ　guàng　xiàoyuán　ba.

咱们　看　电影　吧。　　　　　（私たちは映画を見ませんか。）
Zánmen　kàn　diànyǐng　ba.

② 「～してください」という軽い命令を表します。

你　做　向导　吧。　　　　　　（あなたが案内してください。）
Nǐ　zuò　xiàngdǎo　ba.

参观　我们　大学　吧。　　　　（私たちの大学を見学してください。）
Cānguān　wǒmen　dàxué　ba.

③ 「～でしょう（か）」という軽い疑問・推量を表します。

你　是　留学生　吧?　　　　　　（あなたは留学生でしょう。）
Nǐ　shì　liúxuéshēng　ba?

那个　欧式　的　建筑　是　礼堂　吧。　　（あの洋式の建物は講堂でしょう。）
Nèige　ōushì　de　jiànzhù　shì　lǐtáng　ba.

◎ ポイント5 ： **動詞の重ね方**

　動詞を重ねて言うと、「ちょっと…する」、「…してみる」という意味を表します。
1音節の動詞は、重ねる動詞の間に"一"を入れても良いです。

我们　看（一）看　电视。　　（私たちはちょっとテレビを見ます。）
Wǒmen　kàn　yi　kan　diànshì.

咱们　逛（一）逛　商场。　　（私たちはお店で見物します。）
Zánmen　guàng　yi　guang　shāngchǎng.

你们　休息休息　吧。　　　　（あなたたちはちょっと休んでください。）
Nǐmen　xiūxixiuxi　ba.

DL 31　CD 1-31

今天 的 天气 很 好。 小林 和 蔡 鸿 一起 逛 校园。 小林
Jīntiān de tiānqì hěn hǎo. Xiǎolín hé Cài Hóng yìqǐ guàng xiàoyuán Xiǎolín

美嘉 做 向导。
Měijiā zuò xiàngdǎo.

这个 大学 很 漂亮。 校园 不 大, 树木 很 多。 这个 欧式
Zhège dàxué hěn piàoliang. Xiàoyuán bú dà, shùmù hěn duō. Zhège ōushì

建筑 是 礼堂。 那个 是 图书馆。
jiànzhù shì lǐtáng. Nèige shì túshūguǎn.

你 猜猜, 蔡 鸿 最 喜欢 哪里?
Nǐ cāicai, Cài Hóng zuì xǐhuan nǎli?

DL 30　CD 1-30

■■■ 新出単語

1. 天气 tiānqì【名】天気
2. 很 hěn【副】とても、大変、非常に
3. 好 hǎo【形】よい
4. 逛 guàng【動】ぶらぶら歩く
5. 校园 xiàoyuán【名】キャンパス
6. 做 zuò【動】する
7. 向导 xiàngdǎo【名】ガイド
8. 这个 zhèige【代】これ、この
9. 漂亮 piàoliang【形】きれい、美しい
10. 大 dà【形】大きい
11. 树木 shùmù【名】樹木

12. 多 duō【形】多い
13. 欧式 ōushì【名】洋式
14. 建筑 jiànzhù【名】建物
15. 礼堂 lǐtáng【名】講堂
16. 那个 nèige【代】その、あの
17. 图书馆 túshūguǎn【名】図書館
18. 猜 cāi【動】当てる
19. 最 zuì【副】もっとも
20. 喜欢 xǐhuan【動】好きだ、好む
21. 哪里 nǎli【代】どこ

● 书面练习 Shūmiàn liànxí ●

1. 次の単語のピンインを付けましょう。

① 今天 ＿＿＿＿＿＿＿＿＿　② 天气 ＿＿＿＿＿＿＿＿＿

③ 礼堂 ＿＿＿＿＿＿＿＿＿　④ 欧式 ＿＿＿＿＿＿＿＿＿

⑤ 校园 ＿＿＿＿＿＿＿＿＿　⑥ 图书馆 ＿＿＿＿＿＿＿＿＿

⑦ 哪里 ＿＿＿＿＿＿＿＿＿　⑧ 建筑 ＿＿＿＿＿＿＿＿＿

2. （　）の中の日本語に合うように、次の言葉を並べて、文を作りましょう。

① 哪儿　喜欢　最　你　　　　　　（あなたはどこが一番好きですか。）
　nǎr　xǐhuan　zuì　nǐ

＿＿＿＿＿＿＿＿＿＿＿＿＿＿＿＿＿＿＿＿＿＿

② 校园　漂亮　很　这个　　　　　（このキャンパスは綺麗です。）
　xiàoyuán　piàoliang　hěn　zhèige

＿＿＿＿＿＿＿＿＿＿＿＿＿＿＿＿＿＿＿＿＿＿

③ 建筑　哪个　礼堂　是　　　　　（どの建物が講堂ですか。）
　jiànzhù　něige　lǐtáng　shì

＿＿＿＿＿＿＿＿＿＿＿＿＿＿＿＿＿＿＿＿＿＿

3. 次の場面にふさわしい中国語を書きましょう。

① 今日の天気が良いとき。

＿＿＿＿＿＿＿＿＿＿＿＿＿＿＿＿＿＿＿＿＿＿

② 樹木が多いと褒めるとき。

＿＿＿＿＿＿＿＿＿＿＿＿＿＿＿＿＿＿＿＿＿＿

③ 相手に何が好きかを尋ねるとき。

＿＿＿＿＿＿＿＿＿＿＿＿＿＿＿＿＿＿＿＿＿＿

④ 一緒にキャンパスを見て回るのを誘うとき。

＿＿＿＿＿＿＿＿＿＿＿＿＿＿＿＿＿＿＿＿＿＿

DL 33　CD 1-33

小 林： 我们 一起 逛逛 校园 吧。 我 做 向导。
　　　　Wǒmen yìqǐ guàngguang xiàoyuán ba. Wǒ zuò xiàngdǎo.

蔡 鸿： 好 啊。 谢谢。
　　　　Hǎo a. Xièxie.

小 林： 先 去 图书馆 吧。
　　　　Xiān qù túshūguǎn ba.

蔡 鸿： 这里 的 樱花 真 漂亮! 那个 建筑 是 图书馆 吗?
　　　　Zhèli de yīnghuā zhēn piàoliang! Nèige jiànzhù shì túshūguǎn ma?

小 林： 不, 那 是 礼堂。 旁边 的 是 图书馆。
　　　　Bù, nà shì lǐtáng. Pángbiān de shì túshūguǎn.

蔡 鸿： 这个 图书馆 真 大。
　　　　Zhèige túshūguǎn zhēn dà.

小 林： 我们 参观参观 吧?
　　　　Wǒmen cānguancanguan ba?

蔡 鸿： 好 啊。 这个 图书卡 真 方便。
　　　　Hǎo a. zhèige túshūkǎ zhēn fāngbiàn.

DL 32　CD 1-32

■ ■■ 新出単語
━━━━━━━━

1. 吧 ba【助】…しましょう
2. 好啊 hǎo a【慣】良いですね
3. 谢谢 xièxie【動】感謝する、ありがとう
4. 先 xiān【副】さきに
5. 去 qù【動】行く
6. 这里 zhèli【代】ここ、そこ

7. 樱花 yīnghuā【名】桜
8. 真 zhēn【副】本当に
9. 旁边 pángbiān【名】そば
10. 参观 cānguān【動】見学する
11. 图书卡 túshūkǎ【名】図書館利用カード
12. 方便 fāngbiàn【形】便利

1. 音声を聞いて、次の言葉のピンインに声調を付けて読みましょう。 🎧 DL 34 💿 CD 1-34

① 哪儿 nar	⑤ 樱花 yinghua
② 校园 xiaoyuan	⑥ 喜欢 xihuan
③ 漂亮 piaoliang	⑦ 方便 fangbian
④ 图书卡 tushuka	⑧ 参观 canguan

2. 下の文の ☐ の中の言葉を①から④に置き換えて読みましょう。

(1) 校园 很 漂亮。
Xiàoyuán hěn piàoliang.

① 图书馆	② 樱花	③ 这个 欧式 的 建筑	④ 那个 大学
túshūguǎn	yīnghuā	zhèige ōushì de jiànzhù	nèige dàxué

(2) 我们 上课 吧。
Wǒmen shàngkè ba.

① 去 图书馆	② 选修 汉语	③ 逛逛 校园	④ 去 礼堂
qù túshūguǎn	xuǎnxiū Hànyǔ	guàngguang xiàoyuán	qù lǐtáng

3. ( ) の日本語に合うよう、下線部を埋めて読みましょう。

(1) 校园 _____。 　　（キャンパスは大きくありません。）
　　 Xiàoyuán 　　　　　　 .

(2) _____ 真 漂亮。 　　（ここの桜は本当にきれいです。）
　　 　　　　　　 zhēn piàoliang.

(3) 那个 建筑 是 _____? 　　（あの建物は何ですか。）
　　 Nèige jiànzhù shì 　　　　　 ?

4. 音声を聞いて、下の質問に答えましょう。 🎧 DL 35 💿 CD 1-35

(1) 这个大学的校园大吗？

　　 _____

(2) 哪个建筑是图书馆？

　　 _____

(3) 小林最喜欢哪儿？

　　 _____

5. 次の文を読んで、否定文に直しましょう。

(1) 那个大学的校园很漂亮。 _____

(2) 今天的天气很好。 _____

第3课 他们很忙

❶ 百までの数字　　❷ 時間の言い方
❸ 動作の場所を示す前置詞"在"　❹ 必要を表す助動詞"要"　❺ 省略疑問文"呢"

◎ ポイント1：　百までの数字

零	一	二	三	四	五	六	七	八	九	十	十一	二十	五十六	九十九
líng	yī	èr	sān	sì	wǔ	liù	qī	bā	jiǔ	shí	shíyī	èrshí	wǔshiliù	jiǔshijiǔ

※数える場合の「二つ」は "两 liǎng" と読みます。

◎ ポイント2：　時間の言い方

① 時間帯の言い方

早上（朝）　　　上午（午前）　　　中午（昼間）
zǎoshang　　　shàngwǔ　　　zhōngwǔ

下午（午後）　　晚上（夕方、夜）　夜里（夜中）
xiàwǔ　　　wǎnshang　　　yèli

② 時刻の言い方

一 点（1時）　　　两 点（2時）　　　四 点 三 刻（4時45分）
yì diǎn　　　liǎngdiǎn　　　sì diǎn sān kè

五 点 半（5時半）　差 两 分 九 点（9時2分前）
wǔ diǎn bàn　　　chà liǎng fēn jiǔ diǎn

十二点 十七（分）（12時17分）　　　※最後の単位は省略できる
shí'èr diǎn　shíqī　fēn

③ 曜日の言い方

星期一（月曜日）	星期二（火曜日）	星期三（水曜日）	星期四（木曜日）
xīngqīyī	xīngqī'èr	xīngqīsān	xīngqīsì
星期五（金曜日）	星期六（土曜日）	星期天／星期日（日曜日）	
xīngqīwǔ	xīngqīliù	xīngqītiān　xīngqīrì	

※時刻や曜日を尋ねる時は、"几 jǐ" で聞きます。

几 点 几 分?（何時何分ですか。）　　星期几?（何曜日ですか。）
Jǐ diǎn jǐ fēn?　　　Xīngqījǐ?

※時刻や時間帯、曜日など「時」を表す言い方は必ず述語の前に置きます。

他 9 点 回家。　　　　　　　（彼は9時に帰宅します。）
Tā jiǔ diǎn huíjiā.

星期六 我 去 学校。　　　　（土曜日私は学校へ行きます。）
Xīngqīliù wǒ qù xuéxiào.

你 晚上 学习 日语 吗?　　　（あなたは夜日本語を習いますか。）
Nǐ wǎnshang xuéxí Rìyǔ ma?

◎ ポイント 3 : 動作の場所を示す "在…"

動作の場所を示す前置詞。「～で」、「～に」を表します。

蔡 鸿 在食堂 吃 饭。　　　　　　（蔡鸿さんは食堂でご飯を食べます。）
Cài Hóng zài shítáng chī fàn.

我 在 补习班 教 英语。　　　　　（私は塾で英語を教えます。）
Wǒ zài bǔxíbān jiāo Yīngyǔ.

他 在 图书馆 看 杂志。　　　　　（彼は図書館で雑誌を読みます。）
Tā zài túshūguǎn kàn zázhì.

◎ ポイント 4 : 必要を表す助動詞 "要…"

「～する必要がある」ということを示す助動詞です。動詞の前に置き、「～しなければならない」、「～すべきだ」を表します。

我 上午 要 上课。　　　　　　　（私は午前中授業に出なければなりません。）
Wǒ shàngwǔ yào shàngkè.

她 每天 要 练习 书法。　　　　　（彼女は毎日書道を練習しなければなりません。）
Tā měitiān yào liànxí shūfǎ.

他 早上 7 点 要 在 便利店 打工。
Tā zǎoshang qī diǎn yào zài biànlìdiàn dǎgōng.
　　　　　　（彼は朝 7 時にコンビニでアルバイトをしなければなりません。）

◎ ポイント 5 : 省略疑問文 "～呢 ?"

"～呢 ?" は文末に置いて、省略疑問文になります。繰り返して聞く、または聞き返すときに使います。

我 喝 咖啡，你 呢？　　　　　　（私はコーヒーを飲みますが、あなたは？）
Wǒ hē kāfēi, nǐ ne?

他们 星期六 要 上课，星期天 呢？
Tāmen xīngqīliù yào shàngkè, xīngqītiān ne?
　　　　　　（彼らは土曜日授業に出なければなりませんが、日曜日は？）

蔡 鸿 去 图书馆，小林 呢?　　（蔡鸿さんは図書館に行きますが、小林さんは？）
Cài Hóng qù túshūguǎn, Xiǎolín ne?

■■■ 本 文 ■■■

DL 37　CD 1-37

蔡　鸿　很　忙。
Cài　Hóng　hěn　máng.

他　早上　6　点　起床，　7　点　半　去　学校。
Tā　zǎoshang　liù　diǎn　qǐchuáng,　qī　diǎn　bàn　qù　xuéxiào.

中午　在　食堂　吃　饭。
Zhōngwǔ　zài　shítáng　chī　fàn.

下午　在　便利店　打工。
Xiàwǔ　zài　biànlìdiàn　dǎgōng.

晚上　9　点　回家。
Wǎnshang　jiǔ　diǎn　huí　jiā.

小林　美嘉　也　很　忙。
Xiǎolín　Měijiā　yě　hěn　máng.

她　星期天　在　补习班　做　老师，　教　英语。
Tā　xīngqītiān　zài　bǔxíbān　zuò　lǎoshī,　jiāo　Yīngyǔ.

她　的　英语　很　好。
Tā　de　Yīngyǔ　hěn　hǎo.

DL 36　CD 1-36
■■■ 新出単語

1. 忙 máng【形】忙しい
2. 早上 zǎoshang【名】朝
3. 点 diǎn【量】時
4. 起床 qǐchuáng【動】起きる
5. 半 bàn【名】半
6. 学校 xuéxiào【名】学校
7. 中午 zhōngwǔ【名】昼間
8. 在 zài【前】…で
9. 食堂 shítáng【名】食堂
10. 吃 chī【動】食べる
11. 饭 fàn【名】ご飯
12. 下午 xiàwǔ【名】午後
13. 便利店 biànlìdiàn【名】コンビニ
14. 打工 dǎgōng【動】アルバイト
15. 晚上 wǎnshang【名】夕方、夜
16. 回家 huíjiā【動】帰宅する
17. 星期天 xīngqītiān【名】日曜日
18. 补习班 bǔxíbān【名】塾
19. 做 zuò【動】（先生、生徒、労働者などの地位、職務を）担当する
20. 老师 lǎoshī【名】（学校の）先生
21. 教 jiāo【動】教える
22. 英语 Yīngyǔ【名】英語

1. 次の単語のピンインを書きましょう。

①一点　＿＿＿＿＿＿＿　　②打工　＿＿＿＿＿＿＿

③两点　＿＿＿＿＿＿＿　　④回家　＿＿＿＿＿＿＿

⑤老师　＿＿＿＿＿＿＿　　⑥中午　＿＿＿＿＿＿＿

⑦星期　＿＿＿＿＿＿＿　　⑧英语　＿＿＿＿＿＿＿

2. （　）の中の日本語に合うように、次の言葉を並べて文を作りましょう。

① 英语　教　补习班　星期天　我　在　　　　（私は日曜日に塾で英語を教えます。）
　 Yīngyǔ jiāo bǔxíbān xīngqītiān wǒ zài

＿＿＿＿＿＿＿＿＿＿＿＿＿＿＿＿＿＿＿＿＿＿＿＿＿＿＿＿＿

② 杂志　也　她　看　　　　　　　　　　　　（彼女も雑誌を見ます。）
　 zázhì yě tā kàn

＿＿＿＿＿＿＿＿＿＿＿＿＿＿＿＿＿＿＿＿＿＿＿＿＿＿＿＿＿

③ 图书馆　晚上　学习　我　在　　　　　　　（夜私は図書館で勉強します。）
　 túshūguǎn wǎnshang xuéxí wǒ zài

＿＿＿＿＿＿＿＿＿＿＿＿＿＿＿＿＿＿＿＿＿＿＿＿＿＿＿＿＿

3. 次の日本語を中国語に訳し、ピンインを付けましょう。

① 私たちは朝9時に授業に出ます。

＿＿＿＿＿＿＿＿＿＿＿＿＿＿＿＿＿＿＿＿＿＿＿＿＿＿＿＿＿

② 蔡鴻さんは家に帰りますが、あなたは？

＿＿＿＿＿＿＿＿＿＿＿＿＿＿＿＿＿＿＿＿＿＿＿＿＿＿＿＿＿

③ 一緒に映画を見ませんか。

＿＿＿＿＿＿＿＿＿＿＿＿＿＿＿＿＿＿＿＿＿＿＿＿＿＿＿＿＿

④ 彼もとても忙しいです。

＿＿＿＿＿＿＿＿＿＿＿＿＿＿＿＿＿＿＿＿＿＿＿＿＿＿＿＿＿

4. 下線部を尋ねる疑問文に直しましょう。

① 我每天晚上学习英语。

＿＿＿＿＿＿＿＿＿＿＿＿＿＿＿＿＿＿＿＿＿＿＿＿＿＿＿＿＿

② 他们早上8点10分去学校。

＿＿＿＿＿＿＿＿＿＿＿＿＿＿＿＿＿＿＿＿＿＿＿＿＿＿＿＿＿

③ 她在便利店打工。

＿＿＿＿＿＿＿＿＿＿＿＿＿＿＿＿＿＿＿＿＿＿＿＿＿＿＿＿＿

小林： 最近 忙 吗？  🎧 DL 39 💿 CD 1-39
Zuìjìn máng ma?

蔡鸿： 每天 都 很 忙。 课 很 多， 还 要 在 便利店 打工。 你 呢？
Měitiān dōu hěn máng. Kè hěn duō, hái yào zài biànlìdiàn dǎgōng. Nǐ ne?

小林： 我 也 一样。 星期天 在 补习班 教 英语。
Wǒ yě yíyàng. Xīngqītiān zài bǔxíbān jiāo Yīngyǔ.

蔡鸿： 我 明天 上午 要 交 报告，你 呢？
Wǒ míngtiān shàngwǔ yào jiāo bàogào, nǐ ne?

小林： 我 也 要 交 报告。 我们 一起 写 吧。 什么 时候 见？
Wǒ yě yào jiāo bàogào. Wǒmen yìqǐ xiě ba. Shénme shíhou jiàn?

蔡鸿： 下午 在 休息 大厅 见，怎么样？
Xiàwǔ zài xiūxi dàtīng jiàn, zěnmeyàng?

小林： 下午 我 要 打工。 晚上 七 点 怎么样？
Xiàwǔ wǒ yào dǎgōng. Wǎnshang qī diǎn zěnmeyàng?

蔡鸿： 好。 那 晚上 见。
Hǎo. Nà wǎnshang jiàn.

🎧 DL 38 💿 CD 1-38
■■■ 新出単語

1. **最近** zuìjìn【名】最近
2. **每天** měitiān【名】毎日
3. **都** dōu【副】皆、すべて、いずれも
4. **还** hái【副】さらに
5. **要** yào【助動】…すべきである、…しなければならない
6. **呢** ne【助】～は？
7. **一样** yíyàng【形】同じ
8. **明天** míngtiān【名】明日
9. **交** jiāo【動】渡す、手渡す、納める
10. **报告** bàogào【名】レポート
11. **什么时候** shénme shíhou【代】いつ
12. **见** jiàn【動】会う
13. **休息大厅** xiūxi dàtīng【名】ラウンジ
14. **怎么样** zěnmeyàng【代】如何ですか
15. **那** nà【接】それでは、それなら

1. 音声を聞いて、次のピンインに声調を付けて、読まれた順に番号を付けましょう。

① 一样 yiyang 　（　　　）　　　⑤ 报告 baogao 　　　　　（　　　）

② 休息 xiuxi 　（　　　）　　　⑥ 怎么样 zenmeyang （　　　）

③ 今天 jintian 　（　　　）　　　⑦ 每天 meitian 　　　（　　　）

④ 明天 mingtian （　　　）　　　⑧ 时候 shihou 　　　　（　　　）

2. ペアになってお互いに質問し、空所に適語を入れて答えましょう。

(1)　A　你 几 点 去 学校?　　　　　B　我 ☐ 去 学校。
　　　　Nǐ jǐ diǎn qù xuéxiào?　　　　　Wǒ　　　qù xuéxiào.

①下午 两 点　②上午 十 点 一 刻　③中午 十 二 点 四十　④差 五 分 一 点
xiàwǔ liǎng diǎn　shàngwǔ shí diǎn yí kè　zhōngwǔ shí'èr diǎn sìshí　chà wǔ fēn yì diǎn

(2)　A　你 在 哪儿 学习?　　　　　B　我 在 ☐ 学习。
　　　　Nǐ zài nǎr xuéxí?　　　　　Wǒ zài　　　xuéxí.

①家　　　②学校　　　③图书馆　　　④休息 大厅
jiā　　　xuéxiào　　　túshūguǎn　　　xiūxi dàtīng

3. （　）の日本語に合うよう、空所を埋めて読みましょう。

(1)　A　我 去 食堂, ☐ ?　　　　　（食堂に行きますが、あなたは？）
　　　　Wǒ qù shítáng,　　　?

　　B　我 也 去 食堂。　　　　　（私も食堂に行きます。）
　　　　Wǒ yě qù shítáng.

(2)　A　我们 ☐ 见?　　　　　（私たちは何時に会いますか。）
　　　　Wǒmen　　　jiàn?

　　B　下午 三 点 见 吧。　　　　　（午後3時に会いましょう。）
　　　　Xiàwǔ sān diǎn jiàn ba.

(3)　A　下午 一起 写 报告, ☐ ?　　　　　（午後は一緒にレポートを書くのはどうですか。）
　　　　Xiàwǔ yìqǐ xiě bàogào,　　　?

　　B　好 的。那 下午 见。　　　　　（良いですね。それでは午後に会いましょう。）
　　　　Hǎo de. Nà xiàwǔ jiàn.

4. 音声を聞いて、下の質問に対する正しい答えを選んで読みましょう。🎧 DL 41　💿 CD 1-41

(1)　蔡鸿星期几很忙?

①星期天　　②星期五　　③星期三　　④星期一

(2)　他中午几点吃饭?

①十一点　　②一点一刻　　③十二点半　　④十一点半

(3)　他在哪儿打工?

①便利店　　②食堂　　③图书馆　　④休息大厅

総合練習 I

【チャレンジ1】

一　音声を聞いて、正しいピンインの番号を○で囲みましょう。　🎧 DL 42　◉ CD 1-42

1. ① yīniánjí　　② yīmiánjí　　③ yìniānqì　　④ yǐniànjǐ

2. ① Dàixiáo　　② dáxiáo　　③ dǎxué　　④ dàxué

3. ① Rīběn　　② Rìbén　　③ Lìbén　　④ Rìběn

4. ① líuxuéshēng　　② liúxuésēng　　③ liúsháoshēng　　④ liúxuéshēng

5. ① Yīnhuá　　② yīnghuā　　③ yīngfā　　④ yiēnghuā

6. ① nǎer　　② nàer　　③ nǎr　　④ nàr

7. ① zège　　② zhèige　　③ zhàigè　　④ zhèga

8. ① fànbàn　　② fāngbiàng　　③ fāngbiàn　　④ fānbiàn

9. ① sítáng　　② shítáng　　③ xítáng　　④ xítán

10. ① Yīngyǔ　　② Yiēngyǔ　　③ Yīnyǔ　　④ Yīngyiǔ

二　音声を聞いて、質問に対する正しい答えを選びましょう。　🎧 DL 43　◉ CD 1-43

1. 美嘉每天什么时候打工?

　　① 上午　　　② 中午　　　③ 下午

2. 今天是星期几?

　　① 星期六　　② 星期一　　③ 星期日

3. 校园怎么样?

　　① 很方便　　② 很漂亮　　③ 很大

【チャレンジ2】

一　次の単語から適切なものを選んで、空欄を埋めましょう。

　　A　一起　　　B　吗　　　C　呢　　　D　猜一猜
　　　　yìqǐ　　　　　ma　　　　　ne　　　　　cāiyicāi

① 美嘉　去　图书馆，蔡　鸿（　　　　）?
　　Měijiā　qù　túshūguǎn, Cài　Hóng　　　　　?

② 我们（　　　　）参观　校园。
　　Wǒmen　　　　cānguān　xiàoyuán.

③ 你　是　中国人（　　　　）?
　　Nǐ　shì　Zhōngguórén　　　　　?

④ 你们（　　　　），她 是 哪儿 的 人?
　　Nǐmen　　　　tā　shì　nǎr　de　rén?

二 左側の文と合うよう右側の文を線で繋げましょう。

① 星期一 我 很 忙。
　 Xīngqīyī wǒ hěn máng.

② 我们 一起 逛逛 商场 吧?
　 Wǒmen yìqǐ guàngguang shāngchǎng ba?

③ 天气 怎么样?
　 Tiānqì zěnmeyàng?

④ 你 每天 几点 回家?
　 Nǐ měitiān jǐdiǎn huíjiā?

⑤ 哪个 建筑 是 图书馆?
　 Něige jiànzhù shì túshūguǎn?

A 很 冷。
　 Hěn lěng.

B 我 也 很 忙。
　 Wǒ yě hěn máng.

C 八点半。
　 Bādiǎnbàn.

D 这个 欧式 的。
　 Zhèige ōushì de.

E 好 啊。
　 Hǎo a.

三 次の日本語に合うよう、下線部を中国語で埋めましょう。

1. 彼はコンビニでアルバイトします。

　　他 ＿＿＿＿＿＿＿＿＿＿ 打工。
　　Tā　　　　　　　　 dǎgōng.

2. キャンパスはとてもきれいです。

　　校园 很 ＿＿＿＿＿＿＿＿＿＿。
　　Xiàoyuán hěn　　　　　　　 .

3. 午後に会うのはどうですか。

　　下午 见, ＿＿＿＿＿＿＿＿＿＿?
　　Xiàwǔ jiàn,　　　　　　　　 ?

4. 私は蔡と申します。名前は蔡鴻です。

　　我 ＿＿＿＿＿＿＿＿＿＿ 蔡, 叫 蔡 鸿。
　　Wǒ　　　　　　　　 Cài, jiào Cài Hóng.

5. あなたたちはどこが最も好きですか。

　　你们 ＿＿＿＿＿＿＿＿＿＿ 哪里?
　　Nǐmen　　　　　　　　 nǎli?

四 （　）の日本語に合うように、次の言葉を並べて、文を作りましょう。

1. 新生 的 社会 科学系 是 他　（彼は社会科学部の新入生です。）
　 xīnshēng de shèhuì kēxuéxì shì tā

＿＿＿＿＿＿＿＿＿＿＿＿＿＿＿＿＿＿＿＿＿＿＿＿

2. 关照 请 多多　　　　　　　　（宜しくお願いします。）
　 guānzhào qǐng duōduō

＿＿＿＿＿＿＿＿＿＿＿＿＿＿＿＿＿＿＿＿＿＿＿＿

3. 一起 校园 他们 逛　　　　　（彼らは一緒にキャンパスを散策します。）
　 yìqǐ xiàoyuán tāmen guàng

＿＿＿＿＿＿＿＿＿＿＿＿＿＿＿＿＿＿＿＿＿＿＿＿

4. 吧 饭 吃 我们 先　　　　　（私たちはまずご飯を食べましょう。）
　 ba fàn chī wǒmen xiān

＿＿＿＿＿＿＿＿＿＿＿＿＿＿＿＿＿＿＿＿＿＿＿＿

5. 8点 起床 她 早上　　　　　（彼女は朝8時に起きます。）
　 bādiǎn qǐchuáng tā zǎoshang

＿＿＿＿＿＿＿＿＿＿＿＿＿＿＿＿＿＿＿＿＿＿＿＿

第4课 日本和中国的物价

❶ 百以上の数字　❷ 名詞述語文　❸ 時間の言い方（2）　❹ 量詞　❺ 値段の言い方

◎ ポイント1：　百以上の数字

一百（百）　　　一千（千）　　　一万（一万）　　　一亿（一億）
yìbǎi　　　　　 yìqiān　　　　　 yíwàn　　　　　　 yíyì

11,111　yíwànyìqiānyìbǎiyìshíyī

※百以上「2」は "èr" より、"liǎng" と読む場合が多いです。

22,222　两万两千两百二十二　liǎngwànliǎngqiānliǎngbǎièrshi'èr

※間に 0 が入る数字の読み方は、"零 líng" を発音して読みます。

101　一百零一　yìbǎilíngyī

※間に 0 が何個ある場合でも、"零 líng" は 1 回しか加えません。

4,008　四千零八　sìqiānlíngbā

※最後の「0」は、省略されます。

110　一百一（十）　yìbǎiyī (shí)

※「70,090」のように間に「0」が入る場合は、末尾の位は省略できません。

70,090　七万零九十　qīwànlíngjiǔshí

◎ ポイント2：　名詞述語文

時間、年齢、価格など数字に関係する名詞は述語となる場合があります。「～です」に当たる "是" は省略できます。

今天（是）五月　三号。　　　　　（今日は5月3日です。）
Jīntiān　shì　wǔyuè　sānhào.

衬衫　（是）一千　日元。　　　　（シャツは千円です。）
Chènshān　shì　yìqiān　Rìyuán.

现在（是）上午　九点。　　　　　（今は午前9時です。）
Xiànzài　shì　shàngwǔ　jiǔdiǎn.

◎ ポイント 3 : 時間の言い方 (2)

二〇一七年 (2017 年) 　　　公元　　960　年 (紀元 960 年)
èrlíngyīqī nián 　　　　　gōngyuán　jiǔbǎiliùshí nián

一月 (1月)　二月 (2月)　三月 (3月)　四月 (4月)　五月 (5月)　六月 (6月)
yīyuè　　　èryuè　　　sānyuè　　　sìyuè　　　wǔyuè　　　liùyuè

七月 (7月)　八月 (8月)　九月 (9月)　十月 (10月)　十一月 (11月)　十二月 (12月)
qīyuè　　　bāyuè　　　jiǔyuè　　　shíyuè　　　shíyīyuè　　　shí'èryuè

一号 (1日)　二号 (2日)　八号 (8日)　十号 (10日)　十一号 (11日)
yīhào　　　èrhào　　　bāhào　　　shíhào　　　shíyīhào

月日を尋ねるとき、"几"を用います。

今天　几月　几号?　(今日は何月何日ですか。)
Jīntiān　jǐyuè　jǐhào?

その他の月日や曜日の表し方

昨天 (昨日)　　　今天 (今日)　　　　明天 (明日)　　　每天 (毎日)
zuótiān　　　　　jīntiān　　　　　míngtiān　　　　měitiān

上（个）月 (先月)　　这（个）月 (今月)　　下（个）月 (来月)
shàng ge　yuè　　　zhè　ge　yuè　　　xià　ge　yuè

上（个）星期 (先週)　这（个）星期 (今週)　下（个）星期 (来週)
shàng ge　xīngqī　　zhè　ge　xīngqī　　xià　ge　xīngqī

◎ ポイント 4 : 量詞（助数詞）

日本語でものを「〜枚、〜個、〜本・・・」と数えるように、中国語にもそれにあたる量詞（助数詞）がたくさんあります。

两　个　月 (二ヶ月)　　八　个　茶杯 (八個の茶碗)　　三　本　书 (三冊の本)
liǎng　ge　yuè　　　　bā　ge　chábēi　　　　　sān běn shū

四　张　票 (四枚のチケット)　　七　件　衣服 (7着の服)
sì　zhāng piào　　　　　　qī　jiàn　yīfu

中国語の指示代名詞と名詞の間に、量詞を置きます。

这　本　书 (この本)　　这　件　衣服 (この服)　　这个　月 (今月)
zhèi běn　shū　　　　zhèi jiàn　yīfu　　　　zhèige　yuè

◎ ポイント 5 : 値段の言い方

日元〔日本円〕　　人民币〔人民元〕
Rìyuán　　　　　Rénmínbì

書き言葉では、人民元を"〜元"、"〜角"、"〜分"で言います。

五十七　元　四角　三　分 (57.43元)　　三千　日元 (3000円)
wǔshiqī　yuán　sì　jiǎo sān fēn　　　　sānqiān　Rìyuán

話し言葉では、人民元を"〜块"、"〜毛"、"〜分"で言います。

最後の単位は省略される場合があります。

十九　块　七 (毛)　　　　　(19.7元)
shíjiǔ kuài qī　máo

値段を聞くときの言い方。

这个　背包　多少　钱?　(このリュックサックはいくらですか。)
Zhèige　bēibāo　duōshao qián?

DL 45　CD 1-45

今天 五月 五号， 是 日本 的 端午节， 也 是 儿童节。 小林 美嘉
Jīntiān wǔyuè wǔhào, shì Rìběn de duānwǔjié, yě shì értóngjié. Xiǎolín Měijiā

和 蔡 鸿 在 优衣库 买 衣服。 这星期 是 黄金周， 商店 搞
hé Cài Hóng zài yōuyīkù mǎi yīfu. Zhèxīngqī shì huángjīnzhōu, shāngdiàn gǎo

促销。
cùxiāo.

衬衫 一 件 一千 多 日元。 背包 也 不 贵， 一 个 三千 左右。
Chènshān yí jiàn yìqiān duō Rìyuán. Bēibāo yě bú guì, Yí ge sānqiān zuǒyòu.

日本 的 物价 比较 贵，不过 衣服 很 便宜。 蔡 鸿 一定 很 喜欢
Rìběn de wùjià bǐjiào guì, búguo yīfu hěn piányi. Cài Hóng yídìng hěn xǐhuān

这里 吧。
zhèli ba.

DL 44　CD 1-44

■ ■ ■ 新出単語
. . . .

1. 月 yuè【名】月
2. 号 hào【名】日
3. 端午节 duānwǔjié【名】端午の節句
4. 儿童节 értóngjié【名】子供の日
5. 优衣库 yōuyīkù【名】ユニクロ
6. 买 mǎi【動】買う
7. 衣服 yīfu【名】服
8. 这星期 zhèxīngqī【名】今週
9. 黄金周 huángjīnzhōu【名】ゴールデンウ
　　イーク
10. 商店 shāngdiàn【名】店、商店
11. 搞 gǎo【動】行う
12. 促销 cùxiāo【名】バーゲンセール
13. 衬衫 chènshān【名】ワイシャツ
14. 件 jiàn【量】個別のものごとや衣服など

を数えることば
15. 多 duō【数】（数詞・数量詞の後に用い
　　て端数のあることを示す）…余り
16. 日元 Rìyuán【名】円
17. 背包 bēibāo【名】リュックサック
18. 贵 guì【形】高い
19. 个 ge【量】決まった量詞のない事物を
　　数えることば
20. 左右 zuǒyòu【名】くらい
21. 物价 wùjià【名】物価
22. 比较 bǐjiào【副】わりに、なかなか
23. 不过 búguo【接】ただし、でも
24. 便宜 piányi【形】値段が安い
25. 一定 yídìng【副】きっと、必ず

1. 次の単語のピンインを書きましょう。

① 买衣服 _____ ④ 便宜 _____

② 黄金周 _____ ⑤ 搞促销 _____

③ 背包 _____ ⑥ 物价 _____

2. （　）の日本語に合うように、次の言葉を並べて、文を作りましょう。

① 优衣库　衣服　买　在　她
　yōuyīkù　yīfu　mǎi　zài　tā

（彼女はユニクロで服を買います。）

_____

② 也　背包　贵　不
　yě　bēibāo　guì　bù

（リュックサックも高くありません。）

_____

③ 一定　物价　的　很　贵　吧　日本
　yídìng　wùjià　de　hěn　guì　ba　Rìběn

（日本の物価はきっと高いでしょう。）

_____

3. 次の日本語を中国語に訳しましょう。

① 今週はゴールデンウィークです。

_____

② 日本の服はわりあい安いです。

_____

③ 彼らは店でリュックサックを買います。

_____

④ シャツは一枚二千五百円です。

_____

4. 下の空欄を埋めましょう。

① 日本　的　物价 _____ 贵。
　Rìběn　de　wùjià　　　　guì.

（日本の物価はわりあい高いです。）

② 一个　三千　块 _____ 。
　Yí ge　sānqiān kuài　　　 .

（一つで三千元ぐらいです。）

③ 这　星期　商店 _____ 搞　促销　吧。
　Zhè　xīngqī　shāngdiàn　　　gǎo　cùxiāo ba.

（今週店はきっとバーゲンセールするでしょう。）

④ 那个　背包　5000 _____ 日元。
　Nèige　bēibāo　wǔqiān　　　Rìyuán.

（あのリュックサックは5000円あまりです。）

小林： 四 楼 是 优衣库。 我们 看看 吧。
Sì lóu shì yōuyīkù. Wǒmen kànkan ba.

DL 47　CD 1-47

蔡鸿： 哇，今天 促销！
Wā, Jīntiān cùxiāo!

小林： 那 件 衬衫 多少 钱？
Nèi jiàn chènshān duōshao qián?

蔡鸿： 打 七 折，才 一千 两百 多 日元。
Dǎ qī zhé, cái yìqiān liǎngbǎi duō Rìyuán.

小林： 折合 人民币 七十 多 块。 中国 的 衣服 很 贵 吗？
Zhéhé Rénmínbì qīshí duō kuài. Zhōngguó de yīfu hěn guì ma?

蔡鸿： 便宜 的 地方 非常 便宜。
Piányi de dìfang fēicháng piányi.

小林： 你 平时 在 哪儿 买 东西？
Nǐ píngshí zài nǎr mǎi dōngxi?

蔡鸿： 我 在 网上 买 衣服。
Wǒ zài wǎngshang mǎi yīfu.

DL 46　CD 1-46
■■■ 新出単語

1. 楼 lóu【名】ビルの一つ一つの階、フロア
2. 哇 wā【擬】ワー
3. 多少钱 duōshao qián【慣】いくら
4. 打折 dǎzhé【動】～掛けする
5. 才 cái【副】数量がすくないこと、程度が低いことを表わす
6. 折合 zhéhé【動】換算する
7. 人民币 Rénmínbì【名】人民元、中国の通货
8. 块 kuài【量】貨幣の単位
9. 地方 dìfang【名】ところ
10. 非常 fēicháng【副】非常に
11. 平时 píngshí【名】いつも、ふだん
12. 买 mǎi【動】買う
13. 东西 dōngxi【名】物
14. 网上 wǎngshang【名】インターネット

1. 下のピンインを読んで、漢字が正しい場合は〇、間違っている場合は×をつけましょう。

① yōuyīkù 優衣庫　（　　　）　　⑤ píngshí 平時　　　（　　　）

② cùxiāo 促消　　　（　　　）　　⑥ dìfang 地方　　　（　　　）

③ chènshān 衬衫　　（　　　）　　⑦ mǎi dōngxi 买東西（　　　）

④ Rénmínbì 人民幣（　　　）　　⑧ wǎngshang 网上（　　　）

2. 下の文の □ の言葉を①から④に置き換えて読みましょう。

(1) 这 件 衣服 │五十七 块。│
　　Zhèi jiàn yīfu　wǔshíqī kuài.

　　① 六千　日元　　② 一百五十 多 块　　③ 三千六百 多 块　　④ 四十二 块
　　liùqiān Rìyuán　　yìbǎiwǔshí duō kuài　sānqiānliùbǎi duō kuài　　sìshí'èr kuài

(2) 今天 │五月 七号。│
　　Jīntiān　wǔyuè qīhào.

　　① 十二月 三十一 号　　② 星期六　　③ 十月 五号　　④ 星期天
　　shí'èryuè sānshiyī hào　xīngqīliù　　shíyuè wǔhào　　xīngqītiān

(3) 我 买 │一 件 衣服。│
　　Wǒ mǎi　yí jiàn yīfu.

　　① 两 本 书　　② 四 个 茶杯　　③ 一 个 背包　　④ 三 件 衬衫
　　liǎng běn shū　sì ge chábēi　　yí ge bēibāo　　sān jiàn chènshān

3. （　）の日本語に合うよう、下線部を埋めて読みましょう。

(1) 这 本 书 ＿＿＿＿＿？　　（この本いくらですか。）
　　Zhèi běn shū　　　　？

(2) 那 件 衣服 ＿＿＿＿＿。　　（その服は3割引きです。）
　　Nèi jiàn yīfu　　　　.

(3) ＿＿＿＿＿ 是 图书馆。　　（二階は図書館です。）
　　　　　　 shì túshūguǎn.

4. 音声を聞いて、下の質問に答えましょう。　🎧 DL 48　💿 CD 1-48

(1) 衬衫打几折?

　　＿＿＿＿＿＿＿＿＿＿＿＿＿＿＿＿＿＿＿＿＿＿＿＿＿＿＿＿＿＿

(2) 一件衬衫折合日元多少钱?

　　＿＿＿＿＿＿＿＿＿＿＿＿＿＿＿＿＿＿＿＿＿＿＿＿＿＿＿＿＿＿

(3) 一个背包多少钱?

　　＿＿＿＿＿＿＿＿＿＿＿＿＿＿＿＿＿＿＿＿＿＿＿＿＿＿＿＿＿＿

选修课程

❶ 連動文　　❷ 完了を表す"了"　　❸「～するつもりだ」を表す"打算"
❹ 時間の長さの表し方　　❺「どのくらい～ですか」を表す"多少"と"几"

◎ ポイント 1：　連動文

【動詞 1（＋目的語）＋動詞 2（＋目的語）】は、動詞の並べられる順番に動作が起こることを示します。

他们 去 看 电影。　　（彼らは映画を見に行きます。）
Tāmen qù kàn diànyǐng.

小林 来 上海 留学。　　（小林さんは上海に留学しに来ます。）
Xiǎolín lái Shànghǎi liúxué.

◎ ポイント 2：　完了を表す"了"

主語 + 動詞 +"了"は、日本語の「～しました」「～したところです」という意味を表します。

我 今天 打工 了。　　　（私は今日アルバイトしました。）
Wǒ jīntiān dǎgōng le.

他 爸爸 出差 了。　　　（彼のお父さんは出張しました。）
Tā bàba chūchāi le.

他们 已经 申请 留学 了。　　（彼らはすでに留学の申し込みをしました。）
Tāmen yǐjīng shēnqǐng liúxué le.

目的語は普通"了"の前に置きますが、数量詞または形容詞などが付く場合は、"了"の後ろに置きます。

小林 买了 一 个 书包。　　（小林さんは鞄を一つ買いました。）
Xiǎolín mǎile yí ge shūbāo.

他 去年 学习了 八 门 课程。　　（彼は去年に 8 科目を履修しました。）
Tā qùnián xuéxíle bā mén kèchéng.

否定するときは、"没（有）"を用います。

他 爸爸 没 出差。　　（彼のお父さんは出張していません。）
Tā bàba méi chūchāi.

我 没 选修 汉语。　　（私は中国語を履修していません。）
Wǒ méi xuǎnxiū Hànyǔ.

小林 没 买 书包。　　（小林さんは鞄を買っていません。）
Xiǎolín méi mǎi shūbāo.

「～するつもりだ」「～する予定だ」を表す "打算"

他们 打算 学习 社会学。　　　　　（彼らは社会学を勉強するつもりです。）
Tāmen dǎsuàn xuéxí shèhuìxué.

两 个 人 打算 一起 逛 商店。　　（二人はショッピングする予定です。）
Liǎng ge rén dǎsuàn yìqǐ guàng shāngdiàn.

我们 不 打算 去 中国。　　　　　（私たちは中国に行くつもりがありません。）
Wǒmen bù dǎsuàn qù Zhōngguó.

◎ ポイント4： 時間の長さの表し方

一年（1年間） 两年（2年間） 三年（3年間） 四年（4年間） 一百年（百年間）
yìnián　　　　liǎngnián　　　sānnián　　　　sìnián　　　　yìbǎinián

六 个 月（6ヶ月） 七 个 月（7ヶ月） 八 个 月（8ヶ月） 十 个 月（10ヶ月）
liù ge yuè　　　　qī ge yuè　　　　bā ge yuè　　　　shí ge yuè

两 个 星期（2週間） 三 个 星期（3週間） 四 个 星期（4週間） 五 个 星期（5週間）
liǎng ge xīngqī　　　sān ge xīngqī　　　sì ge xīngqī　　　wǔ ge xīngqī

一 个 小时（1時間） 三 个 小时（3時間） 一 个 半 小时（1時間半） 二十四 个 小时（24時間）
yí ge xiǎoshí　　　sān ge xiǎoshí　　　yí ge bàn xiǎoshí　　　èrshísì ge xiǎoshí

六 分钟（6分） 一 刻 钟（15分） 八 分 钟（8分） 九 分 钟（9分） 六十 分 钟（60分）
liù fēnzhōng　　　yí kè zhōng　　　bā fēn zhōng　　　jiǔ fēn zhōng　　　liùshí fēn zhōng

　時間の量を表す言葉は動詞の後ろに置きます。目的語がある場合は、動詞と目的語の間に置きます。

弟弟 在 中国 生活了 两 年。　　　　（弟は中国で2年間生活しました。）
Dìdi zài Zhōngguó shēnghuóle liǎng nián.

妹妹 晚上 看了 两 个 小时 电视。　　（妹は夜テレビを2時間見ました。）
Mèimei Wǎnshang kànle liǎng ge xiǎoshí diànshì.

時間の量の聞き方

弟弟 在 中国 生活了 几 年?　　　　（弟は中国で何年生活しましたか。）
Dìdi zài Zhōngguó shēnghuóle jǐ nián?

妹妹 看了 多长 时间 电视?　　　　（妹はどれくらいテレビを見ましたか。）
Mèimèi kànle duōcháng shíjiān diànshì?

◎ ポイント5： 「どのくらい～ですか」を表す "多少" と "几"

"几" はほとんど数字が10以下を想定するときに用います。その後ろに必ず量詞が続きます。

昨天 你 睡了 几 个 小时?　　（あなたは昨日何時間寝ましたか。）
Zuótiān nǐ shuìle jǐ ge xiǎoshí?

她 在 中国 生活了 几 年?　　（彼女は中国で何年生活しましたか。）
Tā zài Zhōngguó shēnghuóle jǐ nián?

"多少" は数と関係なく用います。その後ろに量詞を入れなくても良いです。

你们 学习了 多少 年 汉语?　　（あなたたちは何年間中国語を習いましたか。）
Nǐmen xuéxíle duōshao nián Hànyǔ?

他 买了 多少（本）书?　　（彼は本を何冊買いましたか。）
Tā mǎile duōshao běn shū?

■■■ 本 文 ■■■

DL 50　CD 1-50

蔡　鸿　早上　去 系　办公室，申请　选修　的　课程。　小林　美嘉
Cài Hóng zǎoshang qù xì bàngōngshì, shēnqǐng xuǎnxiū de kèchéng.　Xiǎolín Měijiā

已经　申请　了。　她　这学期　选修了　社会学、国际　金融论、环境
yǐjīng shēnqǐng le.　Tā zhèxuéqī xuǎnxiūle shèhuìxué, guójì jīnrónglùn, huánjìng

经济学、日本 文化论　和　汉语。
jīngjìxué, Rìběn wénhuàlùn hé Hànyǔ.

小林　高中　的　时候　就　开始　学习　汉语　了。　那时候，她　跟
Xiǎolín gāozhōng de shíhou jiù kāishǐ xuéxí Hànyǔ le.　Nàshíhou, tā gēn

父亲　在　中国　生活了　两　年，所以　汉语　非常　好。
fùqin zài Zhōngguó shēnghuóle liǎng nián, suǒyǐ Hànyǔ fēicháng hǎo.

明年　小林　打算　申请　交换　留学　项目。
Míngnián Xiǎolín dǎsuàn shēnqǐng jiāohuàn liúxué xiàngmù.

DL 49　CD 1-49
■■■ 新出単語

1. 系 xì【名】学部
2. 办公室 bàngōngshì【名】事務所
3. 申请 shēnqǐng【動】申し込む
4. 课程 kèchéng【名】科目
5. 已经 yǐjīng【副】既に、もう
6. 了 le【助】(動詞の後に置いて、動作や状態の実現、完了を表わし)〜した
7. 这学期 zhèxuéqī【名】今学期
8. 社会学 shèhuìxué【名】社会学
9. 国际金融论 guójì jīnrónglùn【名】国際金融論
10. 环境经济学 huánjìng jīngjìxué【名】環境経済学
11. 文化论 wénhuàlùn【名】文化論
12. 高中 gāozhōng【名】高校
13. 时候 shíhou【名】時、時期
14. 就 jiù【副】とっくに
15. 开始 kāishǐ【動】開始する、始める
16. 跟 gēn【前】〜と
17. 父亲 fùqin【名】父親
18. 生活 shēnghuó【動】生活する
19. 所以 suǒyǐ【接】そのため
20. 明年 míngnián【名】来年
21. 打算 dǎsuàn【動】〜するつもりだ、〜する予定だ
22. 交换 jiāohuàn【動】交換する
23. 留学 liúxué【名】留学
24. 项目 xiàngmù【名】プロジェクト、プログラム、事業

44

● 书面练习 Shūmiàn liànxí ●

1. 次の単語のピンインを書きましょう。

① 上学期 ＿＿＿＿＿＿＿＿　② 办公室 ＿＿＿＿＿＿＿＿

③ 父亲 ＿＿＿＿＿＿＿＿　④ 时候 ＿＿＿＿＿＿＿＿

⑤ 打算 ＿＿＿＿＿＿＿＿　⑥ 交换 ＿＿＿＿＿＿＿＿

⑦ 开始 ＿＿＿＿＿＿＿＿　⑧ 高中 ＿＿＿＿＿＿＿＿

2. （　）の日本語に合うように、次の言葉を並べて文を作りましょう。

① 年　你　几　中国　生活　在　了　　（あなたは中国で何年間生活しましたか。）
nián　nǐ　jǐ　Zhōngguó　shēnghuó　zài　le

＿＿＿＿＿＿＿＿＿＿＿＿＿＿＿＿＿＿＿＿＿＿＿＿

② 　明年　打算　她　留学　　　　　（彼女は来年留学するつもりです。）
míngnián　dǎsuàn　tā　liúxué

＿＿＿＿＿＿＿＿＿＿＿＿＿＿＿＿＿＿＿＿＿＿＿＿

③ 小时　一天　学习　你　几　个　　（あなたは1日何時間勉強しますか。）
xiǎoshí　yìtiān　xuéxí　nǐ　jǐ　ge

＿＿＿＿＿＿＿＿＿＿＿＿＿＿＿＿＿＿＿＿＿＿＿＿

3. 次の日本語を中国語に訳し、ピンインを付けましょう。

① 彼女は高校時代からとっくに中国語を習い始めました。

＿＿＿＿＿＿＿＿＿＿＿＿＿＿＿＿＿＿＿＿＿＿＿＿

② 彼はお父さんと一緒に中国で何年間生活しましたか。

＿＿＿＿＿＿＿＿＿＿＿＿＿＿＿＿＿＿＿＿＿＿＿＿

③ 小林さんは1か月間留学しました。

＿＿＿＿＿＿＿＿＿＿＿＿＿＿＿＿＿＿＿＿＿＿＿＿

4. 次の文を否定文に直しましょう。

① 小林　买　票　了。
Xiǎolín　mǎi　piào　le.

＿＿＿＿＿＿＿＿＿＿＿＿＿＿＿＿＿＿＿＿＿＿＿＿

② 我　打算　学习　汉语。
Wǒ　dǎsuàn　xuéxí　Hànyǔ.

＿＿＿＿＿＿＿＿＿＿＿＿＿＿＿＿＿＿＿＿＿＿＿＿

小林： 我 现在 去 申请 选修 课程。 你 呢?
Wǒ xiànzài qù shēnqǐng xuǎnxiū kèchéng. Nǐ ne?

DL 52　CD 1-52

蔡 鸿： 我 已经 申请 了。
Wǒ yǐjīng shēnqǐng le.

小 林： 你 选修了 几 门 课?
Nǐ xuǎnxiūle jǐ mén kè?

蔡 鸿： 我 选修了 八 门 课。
Wǒ xuǎnxiūle bā mén kè.

小 林： 我 这学期 选修 十 门 课。
Wǒ zhèxuéqī xuǎnxiū shí mén kè.

蔡 鸿： 这么 多?
zhème duō?

小 林： 我 打算 明年 申请 交换 留学 项目。
Wǒ dǎsuàn míngnián shēnqǐng jiāohuàn liúxué xiàngmù.

蔡 鸿： 原来 如此。 我 还 没有 考虑 二年级 的 事情。
Yuánlái rúcǐ. Wǒ hái méiyou kǎolù èrniánjí de shìqing.

DL 51　CD 1-51

■■■ 新出単語
■■■■■■■■■■■■

1. 门 mén【量】科目
2. 这么 zhème【代】こんなに
3. 原来如此 yuánlái rúcǐ【慣】なるほど
4. 还 hái【副】まだ、また
5. 考虑 kǎolù【動】考慮する、考える
6. 事情 shìqing【名】こと、要件

1. 下のピンインを読んで、漢字が正しい場合は〇、間違っている場合は×をつけましょう。

① Hànyǔ 汉语	( )	⑤ jiāohuàn 交换	( )
② zhème 这幺	( )	⑥ xiàngmù 项目	( )
③ shēnghuó 生活	( )	⑦ dǎsuàn 打算	( )
④ yuánlái rúcǐ 原来如此	( )	⑧ kǎolǜ 考慮	( )

2. 下の文の [____] の言葉を①から④に置き換えて読みましょう。

(1) 我 在 这里 [生活了 两 年]。
　　Wǒ zài zhèli shēnghuóle liǎng nián.

①学习了 两 个 月　②留学了 三 个 星期　③逛了 三 个 小时　④考虑了 一刻 钟
xuéxíle liǎng ge yuè　liúxuéle sān ge xīngqī　guàngle sān ge xiǎoshí　kǎolǜle yíkè zhōng

(2) 我 今天 打算 去 [买 东西]。
　　Wǒ jīntiān dǎsuàn qù mǎi dōngxi.

①吃 饭　　　②看 电影　　　③看 书　　　④休息
chī fàn　　　kàn diànyǐng　　　kàn shū　　　xiūxi

(3) 他们 还 没 [吃 饭]。
　　Tāmen hái méi chī fàn.

①上课　　　②回家　　　③考虑　　　④开始 上课
shàngkè　　　huíjiā　　　kǎolǜ　　　kāishǐ shàngkè

3. ( ) の中の日本語に合うよう、下線部を埋めて読みましょう。

(1) 我 _____ 就 开始 学习 汉语 了。　（私は高校のとき、中国語を習い始めました。）
　　Wǒ jiù kāishǐ xuéxí Hànyǔ le.

(2) 他 _____ 下午 去 买 东西。　　　　（彼は午後に買い物へ行くつもりです。）
　　Tā xiàwǔ qù mǎi dōngxi.

(3) 蔡 鸿 休息了 _____。　　　（蔡鸿さんは10分間休みました。）
　　Cài Hóng xiūxile .

4. 音声を聞いて、下の質問に答えましょう。　　　　⬇ DL 53　　◎ CD 1-53

(1) 美嘉这学期选修了几门课?

　　_____

(2) 美嘉明年打算做什么?

　　_____

(3) 蔡鸿考虑二年级的事情了吗?

　　_____

第6课　微信

❶ 反復疑問文　❷ 助詞"…了"の使い方 (2) 変化を表す
❸ 疑問詞"多"　❹ 所有を表す"有"

◎ ポイント1：　反復疑問文

　反復疑問文は、肯定形と否定形を重ねた疑問文のことです。文末には "吗" を付けてはいけません。ただし、その意味は "…吗?" という確認の疑問文と同じです。

你 来 不 来?　　　　　　　　（あなたは来ますか。）
Nǐ lái bu lái?

她 看 不 看 电影?　　　　　　（彼女は映画を見ますか。）
Tā kàn bu kàn diànyǐng?

你们 买 没（有）买 衣服?　　（あなたたちは服を買いましたか。）
Nǐmen mǎi méi you mǎi yīfu?

这里 的 东西 贵 不 贵?　　　（ここの商品は高いですか。）
Zhèli de dōngxi guì bu guì?

你 吃 不 吃 饭?　　　　　　　（ご飯を食べますか。）
Nǐ chī bu chī fàn?

◎ ポイント2：　助詞 "…了" の使い方 (2) 変化を表す

　文の末尾に用い、新しい状況の発生を示し、「…なる」「…なった」という変化の意味を表します。

她 二十 岁 了。　　　（彼女は二十歳になりました。）
Tā èrshí suì le.

物价 便宜 了。　　　　（物価が安くなりました。）
Wùjià piányi le.

聊天 方便 了。　　　　（チャットが便利になりました。）
Liáotiān fāngbiàn le.

下午 一 点 了。　　　　（午後一時になりました。）
Xiàwǔ yì diǎn le.

"多" は形容詞の前に置かれて、「どれくらい〜か？」という程度を聞く疑問詞として使われます。

校园 　　多大?　　　　　（キャンパスはどのくらいの大きさですか。）
Xiàoyuán 　duōdà?

桌子 　多长 　多宽?　　（机の長さと広さはどのくらいですか。）
Zhuōzi 　duōcháng 　duōkuān?

个子 多高?　　　　　　（身長はどのくらいですか。）
Gèzi 　duōgāo?

※否定文は "没有" を用います。

我 有 一 本 书。　　　（私は一冊の本を持っています。）
Wǒ 　yǒu 　yì 　běn 　shū.

他 没 有 哥哥。　　　　（彼は兄がいません。）
Tā 　méi 　yǒu 　gēge.

你们 有 词典 吗?　　　（あなた達は辞書を持っていますか。）
Nǐmen 　yǒu 　cídiǎn 　ma?

DL 55　CD 1-55

蔡　鸿　每天　用　微信　聊天。　在　日本，他　也　使用　脸书。
Cài　Hóng　měitiān　yòng　wēixìn　liáotiān.　Zài　Rìběn,　tā　yě　shǐyòng　liǎnshū.

但是，在　中国　脸书　的　用户　不　多。
Dànshì,　zài　Zhōngguó　liǎnshū　de　yònghù　bù　duō.

蔡　鸿　暑假　回国，很　久　没有　更新　脸书　了。在　中国，他
Cài　Hóng　shǔjià　huí guó,　hěn　jiǔ　méiyǒu　gēngxīn　liǎnshū　le.　Zài　Zhōngguó,　tā

常常　发　微信。
chángcháng　fā　wēixìn.

今天　是　小林　美嘉　的　生日。她　二十　岁　了。蔡　鸿　用　微信
Jīntiān　shì　Xiǎolín　Měijiā　de　shēngrì.　Tā　èrshí　suì　le.　Cài　Hóng　yòng　wēixìn

发了　一　张　生日　贺卡。
fāle　yì　zhāng　shēngrì　hèkǎ.

每天　14亿　多　用户　使用　脸书，9亿　多　用户　使用　微信。
Měitiān　shísìyì　duō　yònghù　shǐyòng　liǎnshū,　jiǔyì　duō　yònghù　shǐyòng　wēixìn.

DL 54　CD 1-54

■■■ 新出単語
....

1. 用 yòng【動】用いる
2. 微信 wēixìn【名】ウィーチャット
3. 聊天 liáotiān【動】おしゃべりをする
4. 使用 shǐyòng【動】使用する
5. 脸书 liǎnshū【名】フェイスブック
6. 但是 dànshì【接】しかし
7. 用户 yònghù【名】ユーザー
8. 暑假 shǔjià【名】夏休み
9. 回国 huí guó【動】帰国する
10. 久 jiǔ【形】久しい、長い時間にわたっ

て
11. 没有 méiyǒu【副】～していない
12. 更新 gēngxīn【動】更新する
13. 常常 chángcháng【副】しばしば、しょっ
ちゅう
14. 发 fā【動】発送する、出す
15. 生日 shēngrì【名】誕生日
16. 岁 suì【量】歳
17. 贺卡 hèkǎ【名】メッセージカード

● 书面练习 Shūmiàn liànxí ●

1. 次の単語のピンインを書きましょう。

① 暑假 _____　　② 生日 _____

③ 回国 _____　　④ 发贺卡 _____

⑤ 更新 _____　　⑥ 微信 _____

⑦ 脸书 _____　　⑧ 二十岁 _____

2. （ ）の日本語に合うように、次の言葉を並べて、文を作りましょう。

① 没 吃 饭 你 吃　　　　　（あなたはご飯を食べましたか。）
　méi chī fàn nǐ chī

_____

② 贺卡 发 生日 用 了 脸书 我　（私はフェイスブックで誕生日カードを送りました。）
　hèkǎ fā shēngrì yòng le liǎnshū wǒ

_____

③ 更新 她 微信 没有 很 久　（彼女は長くウィーチャットを更新しませんでした。）
　gēngxīn tā wēixìn méiyǒu hěn jiǔ

_____

3. 次の日本語を中国語に訳し、ピンインを付けましょう。

① 小林さんは夏休みにしょっちゅう帰国します。

_____

② 蔡鸿さんは二十歳になりました。

_____

③ ウィーチャットで雑談をします。

_____

4. 本文に基づいて、中国語で次の質問を答えましょう。

① 小林多大了?

_____

② 蔡鸿用什么发生日贺卡?

_____

③ 在中国脸书的用户多吗?

_____

④ 每天多少用户使用微信?

_____

蔡 鸿： 喂，是 美嘉 吗? 我 是 蔡 鸿。生日 快乐! 🎧 DL 57 ⬤ CD 1-57
Wéi, shì Měijiā ma? Wǒ shì Cài Hóng. Shēngrì kuàilè!

小 林： 谢谢! 你 回 中国 多 久 了?
Xièxie! Nǐ huí Zhōngguó duō jiǔ le?

蔡 鸿： 一 个 多 月 了。
Yí ge duō yuè le.

小 林： 用 微信 上网 聊天 真 方便。谢谢 你 的 推荐。
Yòng wēixìn shàngwǎng liáotiān zhēn fāngbiàn. Xièxie nǐ de tuījiàn.

蔡 鸿： 哪里 哪里。在 日本，微信 用户 不 多。
Nǎli nǎli. Zài Rìběn, wēixìn yònghù bù duō.

小 林： 1 点 了。我 下午 还 有 课。
Yì diǎn le. Wǒ xiàwǔ hái yǒu kè.

蔡 鸿： 啊，有 一 个 小时 的 时差，那 我们 晚上 再 聊 好 不 好?
A, yǒu yí ge xiǎoshí de shíchā, nà wǒmen wǎnshang zài liáo hǎo bu hǎo?

小 林： 好，晚上 再 聊。
Hǎo, wǎnshang zài liáo.

🎧 DL 56 ⬤ CD 1-56
■■■ 新出単語

1. 喂 wéi【感】もしもし
2. 快乐 kuàilè【形】楽しい、うれしい
3. 多 duō【副】どれだけ、どのぐらい
4. 上网 shàngwǎng【動】インターネットに接続する
5. 推荐 tuījiàn【名】お薦め

6. 哪里哪里 nǎli nǎli【慣】いやいや
7. 有 yǒu【動】（所有）ある
8. 时差 shíchā【名】時差
9. 再 zài【副】また、再び
10. 聊 liáo【動】話す、雑談する

1. 下のピンインを読んで、漢字が正しい場合は〇、間違っている場合は×をつけましょう。

① shēngrì 生日 　（　　　）		⑥ tuījiàn 推薦 　（　　　）	
② kuàilè 快楽 　（　　　）		⑦ xiǎoshí 小時 　（　　　）	
③ wēixìn 微信 　（　　　）		⑧ shíchā 时差 　（　　　）	
④ shàngwǎng 上網 　（　　　）		⑨ yònghù 用户 　（　　　）	
⑤ liáotiān 聊天 　（　　　）		⑩ nǎli nǎli 那里那里 　（　　　）	

2. 下の文の◻◻の中の言葉を①から④に置き換えて読みましょう。

(1) 你 和 小林 | 回 没 回国?
　　Nǐ hé Xiǎolín | huí méi huíguó?

　　① 用 不 用 微信　　② 发 没 发 贺卡　　③ 是 不 是 新生　　④ 吃 没 吃 饭
　　　yòng bu yòng wēixìn 　　fā méi fā hèkǎ 　　shì bu shì xīnshēng 　　chī méi chī fàn

(2) 我们 | 上网 聊天, | 好 不 好?
　　Wǒmen | shàngwǎng liáotiān, | hǎo bu hǎo?

　　① 休息 十分钟　　② 看 电影　　③ 逛逛 商店　　④ 再 考虑考虑
　　　xiūxi shífēnzhōng 　　kàn diànyǐng 　　guàngguang shāngdiàn 　　zài kǎolùkǎolù

(3) 现在 | 他 汉语 很 好 | 了。
　　Xiànzài | tā Hànyǔ hěn hǎo | le.

　　① 我们 十九 岁　　② 上课 方便　　③ 物价 贵　　④ 晚上 八 点
　　　wǒmen shíjiǔ suì 　　shàngkè fāngbiàn 　　wùjià guì 　　wǎnshang bā diǎn

3. （　）の日本語に合うよう、下線部を埋めて読みましょう。

(1) 你 _____ 日本?　　　（あなたは日本に帰りましたか。）
　　Nǐ 　　　　　　　　　 Rìběn?

(2) 谢谢 _____。　　　（あなたのお薦め、ありがとうございました。）
　　Xièxie 　　　　　　　　　.

(3) 晚上 _____ 课。　　　（夜私はまだ授業があります。）
　　Wǎnshang 　　　　　　　 kè.

4. 音声を聞いて、下の質問に答えましょう。　　🎧 DL 58　　◎ CD 1-58

(1) 今天是谁的生日?

_____

(2) 蔡鸿用什么和小林聊天?

_____

(3) 现在中国几点了?

_____

総合練習 II

【チャレンジ1】

一 音声を聞いて、正しいピンインの番号を○で囲みましょう。 ⬇ DL 59 ◉ CD 1-59

(1)	① huángjīnzōu	② huángjīnzhōu	③ hánjīngzhōu	④ hánjīnzōu
(2)	① bēibāo	② bèibāo	③ bēbāo	④ biēbāo
(3)	① sāngjian	② sāngjiān	③ sānjiàn	④ suānjìn
(4)	① màichùnshān	② màichènshān	③ mǎichènshān	④ mǎichǔnshuān
(5)	① uǎngsàng	② wǎngsàng	③ wǎnshang	④ wǎngshàng
(6)	① hànyǔ	② hányǔ	③ Hànyǔ	④ Hányǔ
(7)	① wēishìn	② wuīshìn	③ wéixìn	④ wēixìn
(8)	① hèkǎ	② hècǎ	③ huòkǎ	④ hèqǎ
(9)	① jiǎnshū	② jiǎnsū	③ riǎnshū	④ liǎnshū
(10)	① nári	② nàli	③ nǎli	④ něili

二 音声を聞いて、質問に対する正しい答えを選びましょう。 ⬇ DL 60 ◉ CD 1-60

1. 美嘉多久没有更新脸书了?

    ① 三个多月　　② 一个多星期　　③ 两个多月

2. 蔡鸿昨天没做什么?

    ① 没学习　　② 没睡　　③ 没买书

3. 这件衣服多少钱?

    ① 202 块　　② 220 块　　③ 200 块

4. 他们选修了什么课?

    ① 日本文化论和汉语　　② 国际金融论和环境经济学　　③ 社会学和环境经济学

5. 他们什么时候开始学习汉语?

    ① 暑假的时候　　② 高中的时候　　③ 大学的时候

【チャレンジ2】

一 次の単語から適切なものを選んで、空欄を埋めましょう。

1. A　方便　　　B　便宜　　　C　左右　　　D　多少　　　E　几
      fāngbiàn　　　piányi　　　zuǒyòu　　　duōshao　　　jǐ

    ①　微信　聊天　非常（　　　　　）。
      Wēixìn　liáotiān　fēicháng　　　　　　.

    ②　我　看了　两　个　小时　（　　　　　）的　电视。
      Wǒ　kànle　liǎng　ge　xiǎoshí　　　　　de　diànshì.

    ③　（　　　　　）岁　了?
      　　　　　suì　le?

    ④　电影票　一　张（　　　　　）钱?
      Diànyǐngpiào　yì　zhāng　　　　　qián?

    ⑤　中国　的　物价　比较（　　　　　）。
      Zhōngguó　de　wùjià　bǐjiào　　　　　.

2. A 没有　　　B 了　　　C 打算　　　D 不过　　　E 所以
　　　méiyǒu　　　le　　　dǎsuàn　　　búguò　　　suǒyǐ

① 她　今年　二十　岁（　　　　）。
　　Tā　jīnnián　èrshí　suì

② 你们　上　学期（　　　　）选修　这门　课　吗?
　　Nǐmen　shàng　xuéqī　　　　xuǎnxiū　zhèmén　kè　ma?

③ 我们（　　　　）去　逛　商店。
　　Wǒmen　　　　qù　guàng　shāngdiàn.

④ 他　在　中国　生活了　三年,（　　　　）汉语　很　好。
　　Tā　zài　Zhōngguó　shēnghuóle　sānnián,　　　　Hànyǔ　hěn　hǎo.

⑤ 衬衫　一　件　两千　日元,（　　　　）今天　促销,打　两　折。
　　Chènshān　yí　jiàn　liǎngqiān　Rìyuán,　　　　jīntiān　cùxiāo,　dǎ　liǎng　zhé.

二　左側の会話と合うよう右側の文を線で繋げましょう。

① 茶杯多少钱?　　　　　A 两年多了。

② 你多久没回国了?　　　B 我也去。

③ 我现在去商店,你呢?　C 两个十九块八。

④ 你吃没吃饭?　　　　　D 哪里哪里。

⑤ 谢谢你的推荐。　　　　E 还没有,我们一起去吃吧。

三　次の日本語に合うよう、下線部を中国語で埋めましょう。

1. 机の広さはどのくらいですか。

　　桌子 _____?

2. 何冊の本を買いましたか。

　　你买了 _____ 书?

3. この服は 2500 円です。

　　_____ 两千五百日元。

4. 四階はユニクロです。ちょっと覗いてみましょう。

　　四楼是优衣库。我们 _____。

5. 私は留学を申し込むつもりです。

　　我 _____ 申请留学。

四　（　）の中の日本語に合うように、次の言葉を並べて、文を作りましょう。

1. 三个 看 弟弟 了 书 小时　　　　（弟は本を三時間読みました。）

　_____

2. 多 了 这么 你们 东西 买　　　　（あなたたちはこんなにたくさん買い物したのですね。）

　_____

3. 电影 好 不好 一起 看　　　　（一緒に映画を見ませんか。）

　_____

4. 不多 日本 微信 的 用户 在　　　　（日本ではウィーチャットのユーザーは多くありません。）

　_____

5. 一定 贵 吧 那个 背包 很　　　　（あのリュックサックはきっと高いでしょう。）

　_____

第7课 点菜

❶ 願望を表す"想"　　❷「あまりにも〜」を表す"太…了"
❸「〜なので」や「〜により」を表す"因为…"

◎ **ポイント1：** 願望を表す"想"

"想"は動詞の前に置いて、「〜したい」「〜しようとする」という意味を表します。

蔡 鸿 想 吃 中国菜。　　　　　（蔡鴻は中華料理が食べたいです。）
Cài Hóng xiǎng chī Zhōngguócài.

他们 想 在 这里 看 书。　　　（彼らはここで読書したいです。）
Tāmen xiǎng zài zhèli kàn shū.

你们 想 点 什么 菜?　　　　　（あなたたちは何の料理を注文したいですか。）
Nǐmen xiǎng diǎn shénme cài?

他 想 暑假 回国。　　　　　　（彼は夏休みに帰国したいです。）
Tā xiǎng shǔjià huíguó.

"非常"、"很"などの副詞は"想"の前に置きます。　「非常に……したい」

我们 很 想 去 中国。　　　　（私たちはとても中国へ行きたいです。）
Wǒmen hěn xiǎng qù Zhōngguó.

她们 非常 想 来 日本 留学。　（彼女たちは非常に日本へ留学しに来たいです。）
Tāmen fēicháng xiǎng lái Rìběn liúxué.

我 现在 非常 想 喝 茶。　　　（私は今とてもお茶を飲みたいです。）
Wǒ xiànzài fēicháng xiǎng hē chá.

否定文は、"想"の前に"不"を置きます。

他 不 想 看 电影。　　　　　（彼は映画を見たくないです。）
Tā bù xiǎng kàn diànyǐng.

蔡 鸿 不 想 喝 黑咖啡。　　　（蔡鴻はブラックコーヒーを飲みたくないです。）
Cài Hóng bù xiǎng hē hēikāfēi.

小林 不 想 在 这里 拍照。　（小林さんはここで写真を撮りたくありません。）
Xiǎolín bù xiǎng zài zhèli pāizhào.

「あまりにも〜」「〜すぎる」という意味を表します。

那 家 中餐馆 太 贵 了。　　　(あの中華料理屋はあまりにも高いです。)
Nèi jiā zhōngcānguǎn tài guì le.

你们 的 校园 太 大 了。　　　(あなたたちのキャンパスはあまりにも広すぎます。)
Nǐmen de xiàoyuán tài dà le.

这个 桌子 太 宽 了。　　　(この机は広すぎます。)
Zhèige zhuōzi tài kuān le.

称賛の気持ちにも使われます。

太 好 了!　　(とてもいいですね。)
Tài hǎo le!

太 便宜 了!　　(とても安いですね。)
Tài piányi le!

太 漂亮 了!　　(とても綺麗ですね。)
Tài piàoliang le!

否定文 "不太〜"、「それほど…ではない」、「あまり…ではない」という意味を示します。

今天 的 天气 不 太 好。　　　(今日の天気はあまり良くありません。)
Jīntiān de tiānqì bú tài hǎo.

我们 大学 的 图书馆 不 太 大。　(われわれの大学の図書館はあまり大きくありません。)
Wǒmen dàxué de túshūguǎn bú tài dà.

日本 游客 不 太 多。　　　(日本人観光客はそれほど多くありません。)
Rìběn yóukè bú tài duō.

◎ ポイント3： 「〜なので」や「〜により」を表す "因为…"

原因や理由を説明するときに用います。その結果を示す "所以" とセットで使っても良いです。

他 因为 没 吃 早饭，（所以）现在 饿 了。
Tā yīnwèi méi chī zǎofàn, suǒyǐ xiànzài è le.
　　　　　　(彼は朝ご飯を食べなかったので、今はお腹が空いてしまいました。)

因为 这星期 是 黄金周，（所以）中国 游客 非常 多。
Yīnwèi zhèxīngqī shì huángjīnzhōu, suǒyǐ Zhōngguó yóukè fēicháng duō.
　　　　　　(今週はゴールデンウィークなので、中国人観光客は非常に多いです。)

她 因为 发烧，（所以）没 来 上课。　　(彼女は熱が出たので、授業に来ませんでした。)
Tā yīnwèi fāshāo, suǒyǐ méi lái shàngkè.

DL 62　CD 1-62

今天 小林 不 去 学校 的 食堂。她 打算 和 蔡 鸿 去 附近 的
Jīntiān Xiǎolín bú qù xuéxiào de shítáng. Tā dǎsuàn hé Cài Hóng qù fùjìn de

餐厅。蔡 鸿 很 想 吃 日本菜，但是 日式 餐厅 太 贵 了。
cāntīng. Cài Hóng hěn xiǎng chī Rìběncài, dànshì Rìshì cāntīng tài guì le.

小林 想 吃 中国菜。这 一 家 中国 餐厅 很 不错。因为
Xiǎolín xiǎng chī Zhōngguócài. Zhè yì jiā Zhōngguó cāntīng hěn búcuò. Yīnwèi

这里 的 菜 太 好吃 了，所以 每天 客人 很 多。他们 排队 花了
zhèlǐ de cài tài hǎochī le, suǒyǐ měitiān kèrén hěn duō. Tāmen páiduì huāle

三十 分钟，吃 饭 花了 十 分钟。在 中国，这样 的 情况 不
sānshí fēnzhōng, chī fàn huāle shí fēnzhōng. Zài Zhōngguó, zhèyang de qíngkuàng bú

太 多。
tài duō.

DL 61　CD 1-61

■ ■ ■ 新出単語

1. 附近 fùjìn【名】付近、近くのところ
2. 餐厅 cāntīng【名】レストラン
3. 想 xiǎng【助動】〜したい
4. 日本菜 Rìběncài【名】日本料理
5. 日式 Rìshì【名】和式
6. 中国菜 Zhōngguócài【名】中華料理
7. 家 jiā【量】家・家庭・商店・企業など の数を数える
8. 不错 búcuò【形】なかなか良い

9. 因为 yīnwèi【接】〜のために
10. 好吃 hǎochī【形】美味しい
11. 客人 kèrén【名】顧客、お客さん
12. 排队 páiduì【動】列に並ぶ
13. 花 huā【動】（時間・金などを）使う、費 やす
14. 这样 zhèyang【代】このような
15. 情况 qíngkuàng【名】状況

1. 次の単語のピンインを書きましょう。

① 食堂 _____   ② 因为 _____

③ 餐厅 _____   ④ 这样 _____

⑤ 附近 _____   ⑥ 情况 _____

⑦ 排队 _____   ⑧ 不错 _____

2. （　）の日本語に合うように、次の言葉を並べて、文を作りましょう。

① 吃　想　我　日本菜　很　　　　　（私はとても日本料理を食べたいです。）
　　chī　xiǎng　wǒ　Rìběncài　hěn

_____

② 餐厅　的　好吃　太　菜　了　这家　（この店の料理はとてもおいしいですね。）
　cāntīng　de　hǎochī　tài　cài　le　zhèi jiā

_____

③ 书　喜欢　我　不太　这本　　　　（私はこの本があまり好きではありません。）
　shū　xǐhuān　wǒ　bútài　zhèi běn

_____

3. 次の日本語を中国語に訳しましょう。

① 今日小林さんは近くの日本料理屋へ行きたいです。

_____

② 列に並ぶのに30分かかりました。

_____

③ このレストランはとてもおいしいので、毎日お客さんが大勢います。

_____

4. （　）の中の日本語に合うよう、下線部を中国語で埋めましょう

① _____ 是　黄金周，_____ 没 去 学校。
　　　　　　shì　huángjīnzhōu,　　　　　　méi qù xuéxiào.
　　　　　　　　　　　　（ゴールデンウイークなので、私は学校に行きませんでした。）

② 现在　他 _____ 喝 茶。　（今彼はあまりお茶を飲みたくありません。）
　Xiànzài　tā　　　　　　hē chá.

③ 她 _____，昨天 没 睡。（彼女はあまりにも忙しくて、昨日は一睡もしませんでした。）
　Tā　　　　　　, zuótiān méi shuì.

🎧 DL 64　💿 CD 1-64

小林：今天 我 不 想 去 学校 的 食堂，我们 去 附近 的 餐厅 吧。
　　　Jīntiān wǒ bù xiǎng qù xuéxiào de shítáng, wǒmen qù fùjìn de cāntīng ba.

蔡鸿：那 我们 吃 中国菜 吧。
　　　Nà wǒmen chī Zhōngguócài ba.

小林：好 啊。这 家 中国 餐厅 怎么样？
　　　Hǎo a. Zhèi jiā Zhōngguó cāntīng zěnmeyàng?

蔡鸿：不错。 我 要 一 份 饺子。
　　　Búcuò. wǒ yào yí fèn jiǎozi.

小林：你 只 吃 饺子 吗？
　　　Nǐ zhǐ chī jiǎozi ma?

蔡鸿：在 中国 饺子 是 主食。
　　　Zài Zhōngguó jiǎozi shì zhǔshí.

小林：我 很 饿，想 要 一 份 麻婆豆腐 套餐。
　　　Wǒ hěn è, xiǎng yào yí fèn mápódòufu tàocān.

蔡鸿：那 我 再 要 一 份 叉烧肉 拉面 吧。
　　　Nà wǒ zài yào yí fèn chāshāoròu lāmiàn ba.

🎧 DL 63　💿 CD 1-63

■■■ 新出単語

1. 要 yào【動】欲しい
2. 份 fèn【量】…人分の、…人前の
3. 饺子 jiǎozi【名】餃子
4. 只 zhǐ【副】ただ
5. 主食 zhǔshí【名】主食
6. 饿 è【形】ひもじい、飢えている、空腹

　　である
7. 麻婆豆腐 mápódòufu【名】マーボー豆腐
8. 套餐 tàocān【名】定食
9. 叉烧肉 chāshāoròu【名】チャーシュー
10. 拉面 lāmiàn【名】ラーメン

1. 下のピンインを読んで、漢字が正しい場合は〇、間違っている場合は×をつけましょう。

① fùjìn 付近	（　　）	② è 餓	（　　）
③ búcuò 不錯	（　　）	④ shítáng 食堂	（　　）
⑤ chāshāoròu 叉燒肉	（　　）	⑥ cāntīng 餐厅	（　　）
⑦ Rìshì 日式	（　　）	⑧ hǎochī 好喫	（　　）
⑨ lāmiàn 拉麺	（　　）	⑩ jiǎozi 餃子	（　　）

2. 下の文の□□の言葉を①から④に置き換えて読みましょう。

(1) 中国　餐厅 不 太 多。
Zhōngguó cāntīng bú tài duō.

　①食堂　　②课程　　③留学生　　④主食
　shítáng　　kèchéng　　liúxuéshēng　　zhǔshí

(2) 他们 想 学习 汉语。
Tāmen xiǎng xuéxí Hànyǔ.

　①吃 中国菜　②要 一 份 麻婆豆腐　③喝 茶　④上网 聊天
　chī Zhōngguócài　yào yí fèn mápódòufu　hē chá　shàngwǎng liáotiān

(3) 我 要 一 件 衬衫。
Wǒ yào yí jiàn chènshān.

　①两 张 票　②三 个 茶杯　③这 本 书　④一 份 饺子
　liǎng zhāng piào　sān ge chábēi　zhèi běn shū　yí fèn jiǎozi

3. （　）の日本語に合うよう、下線部を埋めて読みましょう。

(1) 你 ＿＿＿＿ 饺子 吗?　（あなたは餃子だけを食べますか。）
Nǐ　　jiǎozi ma?

(2) 这里 的 叉烧肉面 ＿＿＿＿。　（ここのチャーシュー麺はなかなか良いです。）
Zhèli de chāshāoròumiàn　　.

(3) 那 家 中国 餐厅 ＿＿＿＿。　（あの中華料理屋はあまりにも高いです。）
Nèi jiā Zhōngguó cāntīng　　.

4. 音声を聞いて、下の質問に答えましょう。　DL 65　CD 1-65

(1) 蔡鸿和小林想吃什么?

＿＿＿＿＿＿＿＿＿＿

(2) 他们去了哪里?

＿＿＿＿＿＿＿＿＿＿

(3) 他们要了什么?

＿＿＿＿＿＿＿＿＿＿

我家

❶「存在」を表す動詞"在…"と"有…" ❷ 空間・時間の隔たりを表す前置詞"离…"
❸ 交通手段の言い方 ❹ 手段・方法を聞く時の"怎么…"

◎ ポイント 1： **存在を表す "在…" と "有…"**

「…は～に在る／いる」の文型は"在"を用い、「…には～が有る／いる」の文型は"有"を用います。

存在するモノ＋"在"＋場所	場所＋"有"＋存在するモノ
老师 在 礼堂里。 Lǎoshī zài lǐtáng li. （先生はホールにいます。）	礼堂 里 有 人。 Lǐtáng li yǒu rén. （ホールには人がいます。）
这 家 餐厅 在 大学 附近。 Zhèi jiā cāntīng zài dàxué fùjìn. （このレストランは大学の近くにあります。）	大学 附近 有 餐厅。 Dàxué fùjìn yǒu cāntīng. （大学の近くにはレストランがあります。）
我 的 书 在 这儿。 Wǒ de shū zài zhèr. （私の本はここにあります。）	这儿 有 很 多 书。 Zhèr yǒu hěn duō shū. （ここにたくさんの本があります。）

"在"の否定文は、通常は"不"を用います。

我们 不 在 学校。　　　　　　（私たちは学校にいません。）
Wǒmen bú zài xuéxiào.

那 件 衣服 不 在 这儿。　　　（あの服はここにありません。）
Nèi jiàn yīfu bú zài zhèr.

他 不 在 食堂。　　　　　　　（彼は食堂にいません。）
Tā bú zài shítáng.

"有"の否定文は必ず"没"を用い、"不有"とは言いません。

食堂 里面 没有 人。　　　　　（食堂には人がいません。）
Shítáng lǐmiàn méiyǒu rén.

这儿 没有 洗手间。　　　　　　（ここにトイレがありません。）
Zhèr méiyǒu xǐshǒujiān.

大学 附近 没有 中国 餐馆。　（大学の近くには中華料理店がありません。）
Dàxué fùjìn méiyǒu Zhōngguó cānguǎn.

◎ ポイント 2:　空間・時間の隔たりを表す"离…"

"离…"は二点間の隔たりを示して、「〜から」「〜まで」の意味を表します。

我 家 离 学校 很 远。　　　（家は学校から遠いです。）
Wǒ jiā lí xuéxiào hěn yuǎn.

食堂 离 教室 很 近。　　　（食堂は教室から近いです。）
Shítáng lí jiàoshì hěn jìn.

宿舍 离 车站 不 远。　　　（寮は駅から遠くないです。）
Sùshè lí chēzhàn bù yuǎn.

時間の長さを表す場合にも使われます。

离 开学 还 有 一 天。　　　（新学期まであと一日です。）
Lí kāixué hái yǒu yì tiān.

离 回国 还 有 一 个 月。　　　（帰国まであと一ヶ月です。）
Lí huíguó hái yǒu yí ge yuè.

离 暑假 还 有 一 个 星期。　　　（夏休みまであと一週間です。）
Lí shǔjià hái yǒu yí ge xīngqī.

◎ ポイント 3:　交通手段の言い方

骑 自行车　（自転車に乗る）　　　坐 电车　（電車に乗る）
qí zìxíngchē　　　　　　　　　　zuò diànchē

换乘 地铁　（地下鉄に乗り換える）　　开车　（運転する）
huànchéng dìtiě　　　　　　　　　kāichē

妈妈 走 路 去 车站。　　　（母は歩いて駅に行きます。）
Māma zǒu lù qù chēzhàn.

他们 坐 飞机 回国 吗?　　　（彼らは飛行機で帰国しますか。）
Tāmen zuò fēijī huíguó ma?

◎ ポイント 4:　手段・方法を聞くときの"怎么…"

你 怎么 来 学校?　　　（あなたはどうやって学校に来ますか。）
Nǐ zěnme lái xuéxiào?

他 怎么 回国?　　　（彼はどうやって帰国しますか。）
Tā zěnme huíguó?

DL 67　CD 1-67

小林　美嘉　的　家　在　横滨，离　学校　很　远。　她　每天　坐　电车
Xiǎolín Měijiā de jiā zài Héngbīn, lí xuéxiào hěn yuǎn. Tā měitiān zuò diànchē

来　学校。　蔡　鸿　的　家　在　中国。　蔡　鸿　是　独生子。　家　里　有　五
lái xuéxiào. Cài Hóng de jiā zài Zhōngguó. Cài Hóng shì dúshēngzǐ. Jiā li yǒu wǔ

口　人。　爷爷、　奶奶　也　在　一起　住。
kǒu rén. Yéye、 nǎinai yě zài yìqǐ zhù.

他　现在　的　宿舍　在　千叶，离　学校　也　不　近。　蔡　鸿　每天　骑
Tā xiànzài de sùshè zài Qiānyè, lí xuéxiào yě bú jìn. Cài Hóng měitiān qí

自行车　去　车站，然后　换乘　电车　和　地铁。
zìxíngchē qù chēzhàn, ránhòu huànchéng diànchē hé dìtiě.

DL 66　CD 1-66

■■■ 新出単語

1. 在 zài【動】ある
2. 横滨 Héngbīn【名】横浜
3. 离 lí【前】…（の場所）から
4. 远 yuǎn【形】遠い
5. 坐 zuò【動】乗る
6. 电车 diànchē【名】電車
7. 独生子 dúshēngzǐ【名】一人子
8. 家里 jiāli【名】家の中
9. 口 kǒu【量】人口を数える
10. 爷爷 yéye【名】祖父、おじいさん
11. 奶奶 nǎinai【名】祖母、おばあさん
12. 一起 yìqǐ【名】同じ所
13. 住 zhù【動】住む、宿泊する
14. 宿舍 sùshè【名】寮
15. 千叶 Qiānyè【名】千葉
16. 近 jìn【形】近い
17. 骑 qí【動】乗る
18. 自行车 zìxíngchē【名】自転車
19. 车站 chēzhàn【名】駅
20. 然后 ránhòu【副】その後
21. 换乘 huànchéng【動】乗り換える
22. 地铁 dìtiě【名】地下鉄

1. 次の単語のピンインを書きましょう。

① 千叶 _____　② 换乘 _____

③ 宿舍 _____　④ 地铁 _____

⑤ 自行车 _____　⑥ 车站 _____

⑦ 独生子 _____　⑧ 五口人 _____

2. （　）の中の日本語に合うように、次の言葉を並べて、文を作りましょう。

① 来　电车　坐　学校　我　　　　（私は電車で学校に来ます。）
　lái　diànchē　zuò　xuéxiào　wǒ

　_____

② 宿舍　她　很　的　远　学校　离　（彼女の寮は学校から遠いです。）
　sùshè　tā　hěn　de　yuǎn　xuéxiào　lí

　_____

③ 家　横滨　的　小林　美嘉　在　（小林美嘉の家は横浜にあります。）
　jiā　Héngbīn　de　Xiǎolín　Měijiā　zài

　_____

3. 次の日本語を中国語に訳しましょう。

① 私は毎日自転車で家に帰ります。

　_____

② 小林美嘉さんは5人家族です。

　_____

③ 蔡鴻さんの寮は駅から遠くないです。

　_____

④ 祖父と祖母も一緒に住んでいます。

　_____

4. （　）の中の日本語に合うよう、下線部を中国語で埋めましょう

① 他　家 _____ 很　远。　（彼の家は駅から非常に遠いです。）
　Tā　jiā　　　　　　　　　hěn　yuǎn.

② 我们　每天　要 _____ 地铁。（私たちは毎日地下鉄に乗り換える必要があります。）
　Wǒmen　měitiān　yào　　　　　　　dìtiě.

65

DL 69　CD 1-69

小林： 我 家 在 横滨。 你 来 玩儿 吧。 我 开车 去 接 你。
Wǒ jiā zài Héngbīn. Nǐ lái wánr ba. Wǒ kāichē qù jiē nǐ.

蔡 鸿： 太 好 了! 那 我 不 客气 了。
Tài hǎo le! Nà wǒ bú kèqi le.

蔡 鸿： 你 每天 怎么 来 学校?
Nǐ měitiān zěnme lái xuéxiào?

小林： 当然 是 坐 电车。 你 呢?
Dāngrán shì zuò diànchē. Nǐ ne?

蔡 鸿： 我 骑 自行车 去 车站, 然后 换乘 地铁。
Wǒ qí zìxíngchē qù chēzhàn, ránhòu huànchéng dìtiě.

小林： 真 是 很 辛苦。 你 是 独生子 吧?
Zhēn shì hěn xīnkǔ. Nǐ shì dúshēngzǐ ba?

蔡 鸿： 是 啊。 我 的 同学 也 都 是。 你 有 兄弟 姐妹 吗?
Shì a. Wǒ de tóngxué yě dōu shì. Nǐ yǒu xiōngdì jiěmèi ma?

小林： 我 有 一 个 哥哥。
Wǒ yǒu yí ge gēge.

DL 68　CD 1-68

■■■ 新出単語
■■■■■■■■■■■■■■■■■■■

1. 玩儿 wánr【動】遊ぶ
2. 开车 kāichē【動】運転する
3. 接 jiē【動】迎える
4. 不客气 bú kèqi【慣】遠慮がない
5. 怎么 zěnme【代】どう、どのように

6. 当然 dāngrán【副】もちろん
7. 辛苦 xīnkǔ【形】辛い、たいへん
8. 同学 tóngxué【名】同級生
9. 兄弟姐妹 xiōngdì jiěmèi【名】兄弟姉妹

1. 下のピンインを読んで、漢字が正しい場合は○、間違っている場合は×をつけましょう。

① Héngbīn 横浜 ( )		② chēzhàn 車站 ( )	
③ dāngrán 当然 ( )		④ zìxíngchē 自転车 ( )	
⑤ kāichē 开车 ( )		⑥ dúshēngzǐ 独生子 ( )	
⑦ wánr 玩儿 ( )		⑧ dìtiě 地鉄 ( )	
⑨ bú kèqi 不客気 ( )		⑩ xīnkǔ 辛苦 ( )	

2. 下の文の ▢ の言葉を①から④に置き換えて読みましょう。

(1) 我 家 离 ▢车站▢ 很 远。
　　Wǒ jiā lí chēzhàn hěn yuǎn.

　　① 横浜　　　　② 学校　　　　③ 餐厅　　　　④ 图书馆
　　　Héngbīn　　　xuéxiào　　　　cāntīng　　　　túshūguǎn

(2) 她 每天 ▢骑 自行车▢ 回家。
　　Tā měitiān qí zìxíngchē huíjiā.

　　① 开车　　　　② 坐 地铁　　　③ 走 路　　　④ 坐 电车
　　　kāichē　　　　zuò dìtiě　　　　zǒu lù　　　　zuò diànchē

(3) 那里 有 两 个 ▢食堂▢。
　　Nàli yǒu liǎng ge shítáng.

　　① 餐厅　　　　② 图书馆　　　③ 礼堂　　　④ 车站
　　　cāntīng　　　túshūguǎn　　　lǐtáng　　　　chēzhàn

3. ( ) の中の日本語に合うよう、下線部を埋めて読みましょう。

(1) 你 每天 _____ 来 学校? （あなたは毎日どうやって学校に来ますか。）
　　Nǐ měitiān lái xuéxiào?

(2) 小林 美嘉 的 家 _____。 （小林美嘉の家は横浜にある。）
　　Xiǎolín Měijiā de jiā .

(3) 我 _____ 去 接 你。 （私は車で迎えにいきます。）
　　Wǒ qù jiē nǐ

4. 音声を聞いて、下の質問に答えましょう。　　🎧 DL 70　💿 CD 1-70

(1) 蔡鸿的家在哪儿?

　　_____

(2) 他怎么来学校?

　　_____

(3) 他和谁一起住?

　　_____

第9课 爱好和课外活动

❶ 動詞＋"一下"　❷ 結果補語　❸ 可能補語　❹ 進行形を表す"正在…呢"

◎ ポイント1：　「ちょっと…する」を表す "～一下"

【動詞＋"一下"＋(目的語)】は、動詞の重ね方とは意味が同じで、「ちょっと…する」を表します。

我 去 看（一）看。　　　　　　　我 去 看 一下。　　（私はちょっと見に行きます。）
Wǒ qù kàn yi kàn.　　　　　　　Wǒ qù kàn yíxià.

我们 休息 休息 吧。　　　　　　我们 休息 一下 吧。
Wǒmen xiūxi xiūxi ba.　　　　　　Wǒmen xiūxi yíxià ba.

　　　　　　　　　　　　　　　　（私たちはちょっと休みましょう。）

他们 去 参观 参观 博物馆。　　　他们 去 参观 一下 博物馆。
Tāmen qù cānguān cānguān bówùguǎn.　　Tāmen qù cānguān yíxià bówùguǎn.

　　　　　　　　　　　　　　　　（彼らはちょっと博物館を見学します。）

我 和 妈妈 逛（一）逛 商店。　　我 和 妈妈 逛 一下 商店。
Wǒ hé māma guàng yi guàng shāngdiàn.　　Wǒ hé māma guàng yíxià shāngdiàn.

　　　　　　　　　　　　　　　　（私と母はちょっと店で見て回ります。）

◎ ポイント2：　結果補語

　動作を示す述語の後ろに、動詞または形容詞を置いて、その動作が結果的にどうなったかを補足説明します。

我们 上完 课 了。　　　（私たちは授業が終わりました。）
Wǒmen shàngwán kè le.

他 换好 衣服 了。　　　（彼は着替え終えました。）
Tā huànhǎo yīfu le.

她 写错 了。　　　（彼女は書き間違えました。）
Tā xiěcuò le.

学生们 听懂 了。　　　（学生たちは聞いてわかりました）
Xuéshēngmen tīngdǒng le.

結果補語の否定文は、述語動詞の前に "没(有)" を用います。

我们 没（有）上完 课。　　　（私たちは授業が終わっていません。）
Wǒmen méi yǒu shàngwán kè.

他 还 没（有）换好 衣服。　　（彼はまだ着替え終えていません。）
Tā hái méi yǒu huànhǎo yīfu.

「～できる」という意味を表します。述語動詞と結果補語の間に"得"を入れれば、可能補語になります。

結果補語	可能補語
我们 说 清楚 了。 Wǒmen shuō qīngchu le. （私たちははっきりと説明しました。）	我们 说得 清楚。 Wǒmen shuōde qīngchu. （私たちははっきりと説明できます。）
学生们 听懂 了。 Xuéshēngmen tīngdǒng le. （学生たちが聞いてわかりました。）	学生们 听得懂。 Xuéshēngmen tīngdedǒng. （学生たちは聞き取れます。）
他 看完了 那 本 书。 Tā kànwánle nèi běn shū. （彼はあの本を読み終えました。）	他 看得完 那 本 书。 Tā kàndewán nèi běn shū. （彼はあの本を完読できます。）

"得"の代わりに、述語動詞と結果補語の間に"不"を入れれば、否定文になります。

爸爸 说不好 普通话。 （お父さんは標準語をうまく話せません。）
Bàba shuōbuhǎo pǔtōnghuà.

他 看不完 那 本 书。 （彼はあの本を読み終えられません。）
Tā kànbuwán nèi běn shū.

学生们 听不懂。 （学生たちは聞き取れません。）
Xuéshēngmen tīngbudǒng.

"正"、"在"、"正在"のいずれを述語動詞の前に置けば、動作や行為が進行中であることを表します。話し言葉では、文末に語気助詞"呢"を加える場合もあります。

小林 美嘉 在 打 网球。 （小林美嘉はテニスをしています。）
Xiǎolín Měijiā zài dǎ wǎngqiú.

蔡 鸿 正在 游泳。 （蔡鴻は泳いでいます。）
Cài Hóng zhèngzài yóuyǒng.

我们 正 看 电影 呢。 （私たちは映画を見ています。）
Wǒmen zhèng kàn diànyǐng ne.

否定文は、"没（有）"を用います。進行を表す"正／正在"を取り払いますが、"在"は普通残ります。そして、"呢"は残る場合もあります。

小林 没（有）在 学习，她 在 打 网球。
Xiǎolín méi yǒu zài xuéxí, tā zài dǎ wǎngqiú.

（小林さんは勉強しているのではなく、テニスをしています。）

蔡 鸿 没（有）在 游泳。 （蔡鴻は泳いでいません。）
Cài Hóng méi yǒu zài yóuyǒng.

他们 没（有）在 吃 饭。 （彼らは食事をしていません。）
Tāmen méi yǒu zài chī fàn.

DL 72 CD 2-02

小林　美嘉　每天　上完　课　后　去　参加　社团　活动。　她　有　很
Xiǎolín　Měijiā　měitiān　shàngwán　kè　hòu　qù　cānjiā　shètuán　huódòng.　Tā　yǒu　hěn

多　爱好，参加了　两　个　社团。　蔡　鸿　喜欢　音乐。　他　参加了　音乐
duō　àihào,　cānjiāle　liǎng　ge　shètuán.　Cài　Hóng　xǐhuān　yīnyuè.　Tā　cānjiāle　yīnyuè

社团。　可是，他　有时候　参加不了　晚上　的　活动。
shètuán.　Kěshì,　tā　yǒushíhou　cānjiābuliǎo　wǎnshang　de　huódòng.

现在　小林　美嘉　在　打　软式　网球。　蔡　鸿　也　想　试　一下。
Xiànzài　Xiǎolín　Měijiā　zài　dǎ　ruǎnshì　wǎngqiú.　Cài　Hóng　yě　xiǎng　shì　yíxià.

他们　的　校园　生活　丰富　多彩。
Tāmen　de　xiàoyuán　shēnghuó　fēngfù　duōcǎi.

DL 71 CD 2-01

■■■ 新出単語

1. ～完 wán【動】…終えた
2. 后 hòu【名】あと、のち
3. 参加 cānjiā【動】参加する
4. 社团 shètuán【名】社団、サークル
5. 活动 huódòng【名】活動、イベント
6. 爱好 àihào【名】趣味
7. 音乐 yīnyuè【名】音楽
8. 可是 kěshì【接】でも、しかし
9. 有时候 yǒushíhou【副】時々
10. ～不了 buliǎo【助】できない
11. 在… zài【副】…しつつある、…してい

る
12. 打 dǎ【動】プレーする、やる
13. 软式 ruǎnshì【名】ソフト
14. 网球 wǎngqiú【名】テニス
15. 试 shì【動】試みる、試す
16. 一下 yíxià【数】（動詞の後ろ）ちょっと、少し
17. 生活 shēnghuó【名】生活
18. 丰富多彩 fēngfù duōcǎi【慣】豊富多彩である

1. 次の単語のピンインを書きましょう。

① 爱好 _____　② 有时候 _____

③ 社团 _____　④ 参加 _____

⑤ 网球 _____　⑥ 软式 _____

⑦ 丰富 _____　⑧ 上完课 _____

2. （ ）の中の日本語に合うように、次の言葉を並べて、文を作りましょう。

① 不 了 去 社团 有时候 我 　（私は時々サークルに行けません。）
　bù liǎo qù shètuán yǒushíhou wǒ

_____

② 看 她 书 在 电影 在 看 没 呢 　（彼女は映画を見ていなくて、本を読んでいます。）
　kàn tā shū zài diànyǐng zài kàn méi ne

_____

③ 懂 话 老师 听 弟弟 的 不 　（弟は先生の話を聞き取れません。）
　dǒng huà lǎoshī tīng dìdi de bù

_____

3. 次の日本語を中国語に訳しましょう。

① 彼は授業が終わってからテニスをします。

_____

② 蔡鸿さんは水泳のサークルに参加しました。

_____

③ 私も試してみます。

_____

④ 彼女はたくさんの趣味があります。

_____

4. 次の結果補語の語句を可能補語に直して、さらに訳しましょう。

① 看完那本书 　（あの本を読み終わります）

⇒_____

② 听懂汉语 　（中国語を聞いてわかります）

⇒_____

③ 说清楚 　（はっきりと説明します）

⇒_____

小林： 我们 去 打 软式 网球 吧。
Wǒmen qù dǎ ruǎnshì wǎngqiú ba.

DL 74　CD 2-04

蔡鸿： 好 的。 我 也 正 想 去 呢。 不过 我 打不好 啊。
Hǎo de. Wǒ yě zhèng xiǎng qù ne. Búguo wǒ dǎbuhǎo a.

小林： 没 关系， 很 容易。 加油 吧。
Méi guānxi, hěn róngyì. Jiāyóu ba.

蔡鸿： 软式 网球 的 发祥地 是 日本 吧?
Ruǎnshì wǎngqiú de fāxiángdì shì Rìběn ba?

小林： 是 啊。 很 多 人 都 喜欢 软式 网球。
Shì a. Hěn duō rén dōu xǐhuān ruǎnshì wǎngqiú.

蔡鸿： 今天 有 场地 吗?
Jīntiān yǒu chǎngdì ma?

小林： 我 先 去 看 一下。
Wǒ xiān qù kàn yíxià.

蔡鸿： 我 马上 去 换好 运动衣。
Wǒ mǎshàng qù huànhǎo yùndòngyī.

DL 73　CD 2-03

新出单語

1. **没关系** méi guānxi 【慣】大丈夫

2. **容易** róngyì 【形】容易である

3. **加油** jiāyóu 【動】頑張る

4. **发祥地** fāxiángdì 【名】発祥地

5. **场地** chǎngdì 【名】場所

6. **马上** mǎshàng 【副】すぐ

7. **换** huàn 【動】換える

8. **运动衣** yùndòngyī 【名】スポーツウェア

1. 次のピンインを漢字に直しましょう。

① wǎngqiú _____   ⑤ róngyì _____

② chǎngdì _____   ⑥ huànhǎo _____

③ yùndòngyī _____   ⑦ jiāyóu _____

④ ruǎnshì _____   ⑧ fāxiángdì _____

2. 下の文の □□ の中の言葉を①から④に置き換えて読みましょう。

(1) 我们 在 ┃吃 饭┃。
Wǒmen zài chī fàn.

① 打 网球　　② 喝 茶　　③ 参加 社团 活动　　④ 换 运动衣
dǎ wǎngqiú　 hē chá　 cānjiā shètuán huódòng　 huàn yùndòngyī

(2) 他 ┃打不好 网球┃ 吗?
Tā dǎbuhǎo wǎngqiú ma?

① 写得完　　② 参加不了　　③ 听得懂　　④ 看得完
xiědewán　 cānjiābuliǎo　 tīngdedǒng　 kàndewán

(3) 他们 没 在 ┃游泳┃。
Tāmen méi zài yóuyǒng.

① 逛 商店　　② 聊天　　③ 打 网球　　④ 看 书
guàng shāngdiàn　 liáotiān　 dǎ wǎngqiú　 kàn shū

3. ( ) の日本語に合うよう、下線部を埋めて読みましょう。

(1) 我 _____ 食堂。　　（私はちょうど食堂に行ってみたいと思っています。）
Wǒ shítáng.

(2) 我 _____ 运动衣 了。　　（私は運動着に着替えました。）
Wǒ yùndòngyī le.

(3) 他 _____ 那 本 书。　　（彼はあの本を読み終わることができます。）
Tā nèi běn shū.

4. 音声を聞いて、下の質問に答えましょう。　🎧 DL 75　💿 CD 2-05

(1) 小林美嘉和蔡鸿去做什么?

_____

(2) 谁先看一下场地?

_____

(3) 蔡鸿打得好打不好网球?

_____

【チャレンジ 1】

一　音声を聞いて、正しい言葉の番号を○で囲みましょう。　🎧 DL 76　💿 CD 2-06

1. ① 运动　　② 運動　　③ 运动　　④ 運動
2. ① 附所　　② 付所　　③ 附近　　④ 付近
3. ① 自転车　② 自行车　③ 自行車　④ 自転車
4. ① 票亮　　② 漂亮　　③ 票亮　　④ 漂亮
5. ① 聴董　　② 听懂　　③ 聴懂　　④ 厅懂
6. ① 换成　　② 换乘　　③ 换乘　　④ 换乘
7. ① 体息　　② 体育　　③ 休憩　　④ 休息
8. ① 杨地　　② 场地　　③ 場所　　④ 場地
9. ① 網球　　② 網求　　③ 网球　　④ 网友
10. ① 电影　　② 電影　　③ 电景　　④ 電景

二　音声を聞いて、質問に対する正しい答えを選びましょう。　🎧 DL 77　💿 CD 2-07

1. 蔡鸿想吃中国菜吗?

　　① 想吃　　② 不想吃　　③ 不太想吃

2. 他买了几张票?

　　① 一张　　② 两张　　③ 三张

3. 他们学习了多长时间汉语?

　　① 一个星期　　② 两个星期　　③ 一个多月

4. 她看没看完那本书?

　　① 没看完　　② 不看完　　③ 看完了

5. 小林在做什么?

　　① 她上课呢　　② 她没上课　　③ 她上课了

【チャレンジ 2】

一　次の単語から適切なものを選んで、空欄を埋めましょう。

　　A　因为　　　　B　离　　　　C　所以　　　　D　太　　　　E　一下　　　　F　在

① 他们（　　　　）游泳　呢。
　　Tāmen　　　　　　yóuyǒng　ne.

② 这里　的　物价　不（　　　　）高。
　　Zhèlǐ　de　wùjià　bù　　　　gāo.

③　（　　　）这星期　是　黄金周，（　　　）游客　很　多。
　　　　　　　 Zhèxīngqī　shì　huángjīnzhōu,　　　　yóukè　hěn　duō.

④　你们　休息（　　　）吧。
　　 Nǐmen　xiūxi　　　　 ba.

⑤　我们　　校园（　　　）车站　很　近。
　　 Wǒmen　xiàoyuán　　　　chēzhàn　hěn　jìn.

二　左側の文と合うよう右側の文を線で繋げましょう。

① 你怎么来学校?　　A　还有一个哥哥。

② 那本书怎么样?　　B　图书馆的旁边。

③ 食堂在哪儿?　　　C　没关系。

④ 你家还有什么人?　D　坐地铁。

⑤ 我没说清楚。　　　E　不错。

三　次の日本語に合うよう、下線部を中国語で埋めましょう。

1. 私は電車で学校に来ます。

　　我 ＿＿＿＿＿＿ 来　学校。
　　Wǒ　　　　　　 lái　xuéxiào.

2. 小林さんは勉強していません。

　　小林 ＿＿＿＿＿＿ 学习。
　　Xiǎolín　　　　　　xuéxí.

3. 私たちの大学は駅から遠いです。

　　我们　大学 ＿＿＿＿＿＿ 很　远。
　　Wǒmen　dàxué　　　　　　hěn　yuǎn.

4. 私はたまに先生の中国語が聞いてわかりません。

　　我　有时候 ＿＿＿＿＿＿ 老师　的　汉语。
　　Wǒ　yǒushíhou　　　　　　lǎoshī　de　Hànyǔ.

四　（　）の日本語に合うように、次の言葉を並べて、文を作りましょう。

1. 一下　也　试　想　蔡　鸿　　　　　（蔡鸿さんも試してみたいです。）
　　yíxià　yě　shì　xiǎng　Cài Hóng

　　＿＿＿＿＿＿＿＿＿＿＿＿＿＿＿＿＿＿＿＿＿＿＿＿

2. 建筑　在　办公室　这个　三楼　的　　（事務所はこのビルの三階にあります。）
　　jiànzhù　zài　bàngōngshì　zhèige　sānlóu　de

　　＿＿＿＿＿＿＿＿＿＿＿＿＿＿＿＿＿＿＿＿＿＿＿＿

3. 有　一个　还　暑假　星期　离　　　　（夏休みまでは残り一週間です。）
　　yǒu　yíge　hái　shǔjià　xīngqī　lí

　　＿＿＿＿＿＿＿＿＿＿＿＿＿＿＿＿＿＿＿＿＿＿＿＿

4. 份　我　两　套餐　吃不了　　　　　　（僕は二人分の定食を食べきれません。）
　　fèn　wǒ　liǎng　tàocān　chībuliǎo

　　＿＿＿＿＿＿＿＿＿＿＿＿＿＿＿＿＿＿＿＿＿＿＿＿

第10课　人口众多的中国

● 主述述語文　　❷ 選択疑問文"还是"　　❸ 経験を表す"过"　　❹ 好きを表す"喜欢"

◎ ポイント1：　主述述語文

主述述語文は述語となる部分が主語＋述語の形（主述フレーズ）で構成される文です。日本語にもこれに似た表現法があります。例えば、「象は鼻が長い」。

例：　北京　　冬天　　很冷。
　　　主語　　主語＋述語（主述フレーズ）

今天　　天气　　不　错。　　　　　　　　（今日は天気がいいです。）
Jīntiān　tiānqì　bú cuò.

中国　　人口　　很　　多。　　　　　　　（中国は人口が多い。）
Zhōngguó　rénkǒu　hěn　duō.

中国　　独生子　　非常　　多。　　　　　（中国は一人っ子が非常に多い。）
Zhōngguó　dúshēngzǐ　fēicháng　duō.

汉语　　发音　　很　　难。　　　　　　　（中国語は発音が難しい。）
Hànyǔ　fāyīn　hěn　nán.

◎ ポイント2：　選択疑問文 "还是"

「それとも」という意味。"A＋还是＋B" という形で二者択一の設問に使う。

你　是　中国人　还是　日本人?　　（あなたは中国人ですか？それとも日本人ですか？）
Nǐ　shì　Zhōngguórén　háishi　Rìběnrén?

你　喝　咖啡　还是　喝　绿茶?
Nǐ　hē　kāfēi　háishi　hē　lǜchá?
　　　　　　　　　　（あなたはコーヒーを飲みますか、それとも緑茶を飲みますか。）

你　吃　饺子　还是　吃　拉面?
Nǐ　chī　jiǎozi　háishi　chī　lāmiàn?
　　　　　　　　　　（あなたは餃子を食べますか、それともラーメンを食べますか。）

明天　　出差，你　坐　新干线　还是　坐　飞机?
Míngtiān　chūchāi, nǐ　zuò　xīngànxiàn　háishi　zuò　fēijī?
　　　　　　　　　　（明日の出張、あなたは新幹線に乗りますか、それとも飛行機に乗りますか。）

　"过" は動詞のすぐ後ろについて、「～したことがある」という動作・行為の「過去の経験」を表します。その否定形は、動詞の前に "没有" をつける。

你	去过	中国	吗?	（中国へ行ったことがありますか。）
Nǐ	qùguo	Zhōngguó	ma?	

我	吃过	臭豆腐。	（臭豆腐を食べたことがあります。）
Wǒ	chīguo	chòudòufu.	

蔡	鸿	没有	吃过	生鱼片。　（蔡鴻さんは刺身を食べたことがありません。）
Cài	Hóng	méiyǒu	chīguo	shēngyúpiàn.

我	来过	这	家	日式	餐厅。	（私はこの日本料理屋に来たことがあります。）
Wǒ	láiguo	zhè	jiā	rìshì	cāntīng.	

　動詞。好きです、好む；…したがる。 その目的語は、第 2 課で習ったように名詞をとるほか、「動詞＋目的語」という構成もある。

　"喜欢" ＋「動詞＋目的語」

爸爸	喜欢	吃	饺子。　（父は餃子（を食べるの）が好きです。）
Bàba	xǐhuān	chī	jiǎozi.

我	喜欢	听	音乐。　（私は音楽を聴くのが好きです。）
Wǒ	xǐhuān	tīng	yīnyuè.

妈妈	喜欢	做	四川菜。　（母は四川料理を作るのが好きです。）
Māma	xǐhuan	zuò	Sìchuāncài.

DL 79　CD 2-09

中国　有 14 亿 人口，是 人口 最多 的 国家。 中国　国土
Zhōngguó　yǒu shísì yì rénkǒu, shì rénkǒu zuì duō de guójiā. Zhōngguó　guótǔ

辽阔， 有　960　万　平方　公里，是 日本 的　25　倍。 中国　是
liáokuò, yǒu jiǔbǎiliùshí wàn píngfāng gōnglǐ, shì Rìběn de èrshiwǔ bèi. Zhōngguó shì

一 个 多 民族 国家，有　56　个 民族。 汉族 人口 最多，占　总
yí ge duō mínzú guójiā, yǒu wǔshiliù ge mínzú. Hànzú rénkǒu zuì duō, zhàn zǒng

人口 的　90%。
rénkǒu de bǎifēnzhījiǔshí.

中国　各地 的 生活 习惯 很 不 一样。 比如，北方人　喜欢 吃
Zhōngguó gèdì de shēnghuó xíguàn hěn bù yíyàng. Bǐrú, běifāngrén xǐhuān chī

面食， 南方人　喜欢　吃 米饭。
miànshí, nánfāngrén xǐhuān chī mǐfàn.

DL 78　CD 2-08

■■■ 新出単語

1. 人口 rénkǒu【名】人口
2. 国家 guójiā【名】国家
3. 国土 guótǔ【名】国土
4. 辽阔 liáokuò【形】広大
5. 平方公里 píngfāng gōnglǐ【名】平方キロメートル
6. 倍 bèi【量】倍
7. 多民族 duō mínzú【名】多民族
8. 汉族 hànzú【名】漢民族
9. 占 zhàn【動】占める

10. 总人口 zǒngrénkǒu【名】総人口
11. 百分之（%）bǎifēnzhī【名】パーセント
12. 各地 gèdì【名】各地
13. 生活习惯 shēnghuó xíguàn【名】生活習慣
14. 比如 bǐrú【接】たとえば
15. 北方 běifāng【名】北方
16. 面食 miànshí【名】小麦粉で作った食品の総称。麺類、マントー、餃子など
17. 南方 nánfāng【名】南方
18. 米饭 mǐfàn【名】ご飯

1. 次の質問に中国語で答えましょう。

① 中国　人口　有　多少?
　　Zhōngguó　rénkǒu　yǒu　duōshao?

_____

② 中国　国土　有　多大?
　　Zhōngguó　guótǔ　yǒu　duōdà?

_____

③ 中国　有　多少　个　民族?
　　Zhōngguó　yǒu　duōshao　ge　mínzú?

_____

④ 中国　哪个　民族　人口　最　多?
　　Zhōngguó　něige　mínzú　rénkǒu　zuì　duō?

_____

2. 日本語の意味になるように語句を並び替え、簡体字で書きましょう。

① 日本　　shēnghuó　不　xíguàn　一样　gèdì de
　　Rìběn　　　　　　bù　　　　yíyàng

_____

（日本各地の生活習慣がそれぞれ異なっている。）

② hěn duō　日本　rénkǒu
　　　　　　Rìběn

_____

（日本は人口が多い）

3. 次の日本語を中国語に訳しましょう。

① 中国は国土が広大である。

_____

② 中国は人口が多い。

_____

③ あなたは刺身を食べたことがありますか。

_____

④ 彼は電車に乗りますか、それとも運転しますか。

_____

蔡 鸿： 美嘉， 你 去过 哪些 国家？　　　🎧 DL 81　💿 CD 2-11
　　　　Měijiā,　nǐ　qùguo　nǎxiē　guójiā?

小 林： 我 去过 俄罗斯 和 美国。
　　　　Wǒ　qùguo　Éluósī　hé　Měiguó.

蔡 鸿： 你 喜欢 哪个 国家， 俄罗斯 还是 美国？
　　　　Nǐ　xǐhuān　něige　guójiā,　Éluósī　háishi　Měiguó?

小 林： 这 两个 国家 都 很 美丽， 我 都 喜欢。
　　　　Zhè　liǎng ge　guójiā　dōu　hěn　měilì,　wǒ　dōu　xǐhuān.

蔡 鸿： 中国 自然 风光 也 很 不错， 欢迎 来 中国 旅游。
　　　　Zhōngguó　zìrán　fēngguāng　yě　hěn　bú cuò,　huānyíng　lái　Zhōngguó　lǚyóu.

小 林： 我 爸爸 去过 中国。 他 很 喜欢 四川菜。
　　　　Wǒ　bàba　qùguo　Zhōngguó.　Tā　hěn　xǐhuān　Sìchuāncài.

蔡 鸿： 我 也 喜欢 四川菜， 还 喜欢 做 四川菜。
　　　　Wǒ　yě　xǐhuān　Sìchuāncài,　hái　xǐhuān　zuò　Sìchuāncài.

小 林： 下 次 尝尝 你 的 手艺。
　　　　Xià　cì　chángchang　nǐ　de　shǒuyì.

🎧 DL 80　💿 CD 2-10
■■■ 新出単語

1. 些 xiē【量】数詞、代名詞の後につく。
　　複数を表す
2. 俄罗斯 Éluósī【名】ロシア
3. 美国 Měiguó【名】アメリカ
4. 美丽 měilì【形】美しい
5. 自然风光 zìrán fēngguāng【名】景色
6. 欢迎 huānyíng【動】歓迎する

7. 旅游 lǚyóu【動】旅行する
8. 四川菜 Sìchuāncài【名】四川料理
9. 做 zuò【動】作る
10. 下次 xiàcì【名】今度、次回
11. 尝 cháng【動】味見する
12. 手艺 shǒuyì【名】腕前

● 口头练习 kǒutóu liànxí ●

1. ペアになってお互いに質問し、空所に適語を入れて答えましょう。

(1) 你 去过 哪个 国家?
Nǐ qùguo něige guójiā?

我 去过 ☐ 。
Wǒ qùguo

- ① 美国　Měiguó
- ② 俄罗斯　Éluósī
- ③ 中国　Zhōngguó
- ④ 日本　Rìběn

(2) 你 喜欢 ☐ 还是 ☐ ?
Nǐ xǐhuān háishi ?

我 喜欢 ☐ 。
Wǒ xǐhuān

- ① 逛 商场　guàng shāngchǎng　看 电视　kàn diànshì
- ② 喝 咖啡　hē kāfēi　喝 绿茶　hē lǜchá
- ③ 吃 饺子　chī jiǎozi　吃 米饭　chī mǐfàn
- ④ 看 电影　kàn diànyǐng　听 音乐　tīng yīnyuè

(3) 你 喜欢 ☐ 吗?
Nǐ xǐhuān ma?

我 喜欢 ☐ , 还 喜欢 ☐ 。
Wǒ xǐhuān , hái xǐhuān

- ① 饺子　jiǎozi　做 饺子　zuò jiǎozi
- ② 日本 菜　Rìběn cài　做 日本 菜　zuò Rìběn cài

2. ( )の日本語に合うように、下線部を埋めて読みましょう。

(1) Q：你 来 _____ 中国 吗?　（中国に来たことがありますか。）
Nǐ lái Zhōngguó ma?

A：来过。我 以前 _____ 一起 来 _____ 中国。
Láiguo. Wǒ yǐqián yìqǐ lái Zhōngguó.

（あります。以前は父と一緒に中国に来たことがあります。）

(2) Q：你 喜欢 北京 _____ 上海?　（あなたは北京と上海、どちらが好きですか。）
Nǐ xǐhuān Běijīng Shànghǎi?

A：我 _____ 喜欢。　（私はどちらも好きです。）
Wǒ xǐhuān.

(3) Q：你 _____ 四川 吗?　（あなたは四川に来たことがありますか。）
Nǐ Sìchuān ma?

A：_____ 。我 _____ 四川菜。　（来たことがあります。
Wǒ Sìchuāncài. 四川料理を食べたこともあります。）

3. 音声を聞いて、次の質問に対する正しい答えを選びましょう。 🎧 DL 82 ◎ CD 2-12

(1) 美嘉去过哪些国家?
- ① 美国
- ② 中国
- ③ 中国和俄罗斯
- ④ 俄罗斯

(2) 美嘉喜欢四川菜还是日本菜?
- ① 都喜欢
- ② 四川菜
- ③ 日本菜
- ④ 都不喜欢

(3) 美嘉的爸爸在中国工作了几年?
- ① 1 年
- ② 2 年
- ③ 3 年
- ④ 4 年

第11课　中国的城市

❶ 構造助詞"的"を使い名詞を修飾する　❷ "是…的"構文　❸ "请"兼語文　❹ "听说"

◎ ポイント1：　構造助詞 "的" を使い名詞を修飾する

動詞が名詞を修飾するときは、動詞と名詞の間に "的" を入れます。

動詞＋"的"＋名詞

我 买 的 这 本 书 很 不 错。（私が買ったこの本はなかなかいいものです。）
Wǒ mǎi de zhèi běn shū hěn bú cuò.

你 推荐 的 那 部 电影　非常　有趣。
Nǐ tuījiàn de nèi bù diànyǐng fēicháng yǒuqù.

（あなたが推薦したあの映画はとてもおもしろいです。）

妈妈　做 的 菜 很　好吃。　（お母さんが作った料理はおいしいです。）
Māma zuò de cài hěn hǎochī.

你 说 的 汉语 很 标准。　（あなたが話した中国語はとても端正です。）
Nǐ shuō de Hànyǔ hěn biāozhǔn.

王　老师 在　东京 买 的 衣服 很　漂亮。（王先生が東京で買った服はきれいです。）
Wáng lǎoshī zài Dōngjīng mǎi de yīfu hěn piàoliang.

形容詞が名詞を修飾するときは、形容詞と名詞の間に "的" を入れます。

形容詞＋"的"＋名詞

日本 是 一 个 美丽 的 国家。　（日本は美しい国です。）
Rìběn shì yí ge měilì de guójiā.

大连 是 一 座 美丽 的 海港　城市。　（大連はきれいな港湾都市です。）
Dàlián shì yí zuò měilì de hǎigǎng chéngshì.

姐姐 买了 一 件　漂亮　的 裙子。　（お姉さんはきれいなスカートを一着買いました。）
Jiějie mǎile yí jiàn piàoliang de qúnzi.

「〜したのだ」。すでに起きたことについて、その時間・場所・手段・方法を取り立てて説明します。"是"は否定文以外の場合、省略できます。

你 是 什么 时候 回国 的?　　　　（あなたはいつ帰国したのですか。）
Nǐ shì shénme shíhou huíguó de?

田中 是 坐 飞机 回 日本 的。　　　　（田中さんは飛行機で日本に帰ったのです。）
Tiánzhōng shì zuò fēijī huí Rìběn de.

这 本 书 在 哪里 买 的? 我 在 附近 的 书店 买 的。
Zhèi běn shū zài nǎli mǎi de? Wǒ zài fùjìn de shūdiàn mǎi de.

　　　　（この本はどこで買ったのですか。私が近くの書店で買ったのです。）

兼語文とは、目的語と主語を兼務する文型のこと。
"请"の場合、"请"の目的語が後ろの動作の主語を兼ねます。「A が B に…してもらう」、「A が B を…に招待する」という意味を表します。

朋友 请 我 参加 婚礼。　　（友達は私を結婚式に招いてくれます。）
Péngyou qǐng wǒ cānjiā hūnlǐ.
主語 述語 （目的語/主語） 述語

老师 请 我 吃 饭。　　　　（先生は私を食事に招待します。）
Lǎoshī qǐng wǒ chī fàn.

述語が"请"のほか、"教"などの動詞を使う場合もある。

王 老师 教 我们 弹 钢琴。　　　（王先生は私たちにピアノを教えてくれます。）
Wáng lǎoshī jiāo wǒmen tán gāngqín.

「聞くところでは」という意味を表し、文の始まりにおきます。

听说 你 姐姐 下 个 月 结婚。
Tīngshuō nǐ jiějie xià ge yuè jiéhūn.

　　　　（聞くところによると、あなたのお姉さんは来月に結婚します。）

听说 你 明年 去 中国 留学。　（あなたは来年中国へ留学しに行くと聞いています。）
Tīngshuō nǐ míngnián qù Zhōngguó liúxué.

听说 大连 是 一 座 很 美丽 的 海港 城市。
Tīngshuō Dàlián shì yí zuò hěn měilì de hǎigǎng chéngshì.

　　　　（大連は美しい港湾都市だと聞いています。）

DL 84 CD 2-14

中国 有 很 多 城市。 首都 北京 历史 悠久。 八百 多 年
Zhōngguó yǒu hěn duō chéngshì. Shǒudū Běijīng lìshǐ yōujiǔ. Bābǎi duō nián

以前， 北京 已经 是 政治 中心 了。 北京 的 故宫 非常 有名， 它
yǐqián, Běijīng yǐjīng shì zhèngzhì zhōngxīn le. Běijīng de gùgōng fēicháng yǒumíng, tā

是 全世界 最 大 的 木造 建筑群。
shì quánshìjiè zuì dà de mùzào jiànzhùqún.

上海 是 中国 最 大 的 商业 城市， 这里 有 亚洲 最 高 的
Shànghǎi shì Zhōngguó zuì dà de shāngyè chéngshì, zhèlǐ yǒu Yàzhōu zuì gāo de

大楼。 深圳 是 一 座 年轻 的 城市， 来 这里 创业 的 人 很 多。
dàlóu. Shēnzhèn shì yí zuò niánqīng de chéngshì, lái zhèlǐ chuàngyè de rén hěn duō.

大连 是 一 座 美丽 的 海港 城市。 近代 以来， 大连 和 日本 的
Dàlián shì yí zuò měilì de hǎigǎng chéngshì. Jìndài yǐlái, Dàlián hé Rìběn de

往来 很 密切。 现在， 居住 在 大连 的 日本人 有 5000人 左右。
wǎnglái hěn mìqiè. Xiànzài, jūzhù zài Dàlián de Rìběnrén yǒu wǔqiānrén zuǒyòu.

DL 83 CD 2-13

■■■ 新出単語

1. **城市** chéngshì【名】都市
2. **首都** shǒudū【名】首都
3. **悠久** yōujiǔ【形】悠久
4. **以前** yǐqián【名】以前、昔
5. **政治** zhèngzhì【名】政治
6. **中心** zhōngxīn【名】中心
7. **故宫** gùgōng【名】故宫
8. **有名** yǒumíng【形】有名である
9. **全世界** quánshìjiè【名】全世界
10. **最大** zuìdà【形】最大
11. **木造** mùzào【名】木造
12. **建筑群** jiànzhùqún【名】建築群
13. **商业** shāngyè【名】商業
14. **亚洲** Yàzhōu【名】アジア
15. **最高** zuì gāo【形】もっとも高い
16. **大楼** dàlóu【名】ビル
17. **深圳** Shēnzhèn【名】深圳(しんせん)
18. **座** zuò【量】都市や町を数える時に使う量詞
19. **年轻** niánqīng【形】若い
20. **创业** chuàngyè【動】起業する
21. **大连** Dàlián【名】大連
22. **海港城市** hǎigǎng chéngshì【名】港町
23. **近代** jìndài【名】近代
24. **以来** yǐlái【名】以来
25. **往来** wǎnglái【動】往来
26. **密切** mìqiè【形】密接な
27. **居住** jūzhù【動】居住する

1. 次の質問に中国語で答えましょう。

① 中国 的 首都 是 哪座 城市?
　Zhōngguó de shǒudū shì něizuò chéngshì?

_____

② 故宫 在 上海 吗?
　Gùgōng zài Shànghǎi ma?

_____

③ 亚洲 最 高 的 大楼 在 哪里?
　Yàzhōu zuì gāo de dàlóu zài nǎli?

_____

2. 次のピンインを簡体字に直し、日本語に訳しましょう。

① Lái Shànghǎi chuàngyè de rén hěn duō.

_____

日本語訳：

② Jūzhù zài Běijīng de Rìběnrén yǒu bāqiānrén zuǒyòu.

_____

日本語訳：

3. 次の日本語を中国語に訳しましょう。

① 故宮は世界で最大の木造建築群です。

_____

② 深圳は新しい都市です。

_____

③ 大連は美しい港湾都市です。

_____

④ 上海にいる日本人が4万人います。

_____

小林： 听说 你 回 大连 参加 表哥 的 婚礼 了？  DL 86 ◎ CD 2-16
Tīngshuō nǐ huí Dàlián cānjiā biǎogē de hūnlǐ le?

蔡鸿： 是 的，我 是 上 个 星期 回 大连 的。
Shì de, wǒ shì shàng ge xīngqī huí Dàlián de.

小林： 你 表哥 的 婚礼 怎么样？
Nǐ biǎogē de hūnlǐ zěnmeyàng?

蔡鸿： 非常 热闹。 表哥 请了 很 多 朋友 参加 婚礼。
Fēicháng rènao. Biǎogē qǐngle hěn duō péngyou cānjiā hūnlǐ.

小林： 你 多久 没有 回 大连 了？
Nǐ duōjiǔ méiyǒu huí Dàlián le?

蔡鸿： 一 年 多 了。
Yì nián duō le.

小林： 听说 大连 变化 很 大。
Tīngshuō Dàlián biànhuà hěn dà.

蔡鸿： 是 啊，变化 太 大 了，
Shì a, biànhuà tài dà le,

我 差点儿 迷路 了。
wǒ chàdiǎnr mílù le.

DL 85 ◎ CD 2-15
■■■ 新出単語
■■■■■■■■■■■■

1. 听说 tīngshuō【動】聞くところによると
2. 表哥 biǎogē【名】従兄弟
3. 婚礼 hūnlǐ【名】結婚式
4. 热闹 rènao【形】賑やか

5. 请 qǐng【動】招く
6. 变化 biànhuà【名】変化
7. 差点儿 chàdiǎnr【副】もうちょっとで
8. 迷路 mílù【動】道に迷う

1. ペアになってお互いに質問し、空所に適語を入れて答えましょう。

(1) 听说 你 回 日本 了?
Tīngshuō nǐ huí Rìběn le?

我 是 [　　　] 回去 的。
Wǒ shì　　　　huíqu de.

① 上 个 星期　　② 上 个 月　　③ 五月　　④ 昨天
shàng ge xīngqī　　shàng ge yuè　　wǔyuè　　zuótiān

(2) 你 今天 是 怎么 来 学校 的?
Nǐ jīntiān shì zěnme lái xuéxiào de?

我 今天 是 [　　　] 来 学校 的。
Wǒ jīntiān shì　　　　lái xuéxiào de.

① 骑 自行车　　② 坐 地铁　　③ 坐 车　　④ 坐 电车
qí zìxíngchē　　zuò dìtiě　　zuò chē　　zuò diànchē

(3) 你 这 本 书 是 在 哪里 买 的?
Nǐ zhèi běn shū shì zài nǎli mǎi de?

我 是 在 [　　　] 买 的。
Wǒ shì zài　　　　mǎi de.

① 网上　　② 中国　　③ 日本　　④ 附近 的 商店
wǎngshang　　Zhōngguó　　Rìběn　　fùjìn de shāngdiàn

2. （　）の日本語に合うように、下線部を埋めて読みましょう。

(1) Q：_____ 你 姐姐 下 个 月 结婚?　　（お姉さんは来月結婚すると聞いています。）
　　　　nǐ jiějie xià ge yuè jiéhūn?

A：是 的。她 想 _____ 你 参加 她 的 婚礼。　　（そうです。姉はあなたを彼女の結婚披露宴に招きたいです。）
Shì de. Tā xiǎng　　　　nǐ cānjiā tā de hūnlǐ.

(2) Q：你 _____ 坐 飞机 来 北京 _____ 吗?　　（あなたは飛行機で北京に来たのですか。）
Nǐ　　　　zuò fēijī lái Běijīng　　　　ma?

A：我 _____ 坐 车 来 北京 _____。　　（私は車で北京に来たのです。）
Wǒ　　　　zuò chē lái Běijīng　　　　.

3. 次の日本語を中国語に訳しましょう。

(1) あなたが四川料理を好きだと聞いていますが。

_____

(2) 私は今朝6時に起床したのです。

_____

4. 音声を聞いて、次の問いに答えましょう。　　🎧 DL 87　　💿 CD 2-17

(1) 小林是什么时候回日本的?

1．4月　　2．5月　　3．8月　　4．12月

(2) 小林回日本做什么?

1．参加表哥的婚礼　　2．回家休息　　3．参加哥哥的婚礼

(3) 小林是怎么回东京的?

1．坐飞机　　2．坐电车　　3．坐车　　4．骑自行车

第12课　中国的茶文化

❶ 方向補語　　❷ 前置詞"给"　　❸ 前置詞構文"从…到"

◎ ポイント1：　方向補語

述語の動詞や形容詞の後において、動作・行為の方向、趨勢を表します。

方向補語の一覧表

	上	下	回	进	出	过
来	上来	下来	回来	进来	出来	过来
去	上去	下去	回去	进去	出去	过去

単純方向補語

爸爸　回来　了。　　　　　　　（お父さんは帰ってきました。）
Bàba　huílai　le.

弟弟　出去　了。　　　　　　　（弟は出ていきました。）
Dìdi　chūqu　le.

好　的。我　马上　下来。　　　（了解です。いますぐ降りてきます。）
Hǎo　de.　Wǒ　mǎshàng　xiàlai.

複合方向補語

茶叶　浮上来　了。　　　（茶葉が浮かんできました。）
Cháyè　fúshànglai　le.

老师　走出去　了。　　　（先生は歩いて出かけました。）
Lǎoshī　zǒuchūqu　le.

小狗　跑过来　了。　　　（子犬が走ってきました。）
Xiǎogǒu　pǎoguòlai　le.

上のような明確な方向性を表す補語のほか、"起来"というような動作・状態がある状態に向かって変化しはじめることを表す言葉もあります。

天　热起来　了。　　　　　　　（天気が暑くなってきました。）
Tiān　rèqǐlai　le.

校园里　人　多起来　了。　　　（キャンパスの中は人が多くなってきました。）
Xiàoyuánli　rén　duōqǐlai　le.

◎ ポイント2：　前置詞 "给"

前置詞 "给" は、動作の対象の前において、用いられている動詞が誰のため、誰に対してであるかを示す。

我 给 爸爸 打 电话。　（私はお父さんに電話をします。）
Wǒ gěi bàba dǎ diànhuà.

我 给 朋友 写 信。　（私は友達に手紙を書きます。）
Wǒ gěi péngyou xiě xìn.

小林 给 我 介绍了 两 位 日本 朋友。
Xiǎolín gěi wǒ jièshàole liǎng wèi Rìběn péngyou.

（小林さんは私に二人の日本人の友人を紹介してくれました。）

他 给 我 买了 一 张 电影票。　（彼は私に映画のチケットを一枚買ってくれました。）
Tā gěi wǒ mǎile yì zhāng diànyǐngpiào.

◎ ポイント3：　前置詞構文 "从…到"

空間的に、時間的に、「…から～まで」という意味を表す。

从 九州 到 北海道，日本 各地 都 有 樱花树。
Cóng Jiǔzhōu dào Běihǎidào, Rìběn gèdì dōu yǒu yīnghuāshù.

（九州から北海道まで、日本の各地に桜の木があります。）

从 北京 到 上海 有 1400 公里。　（北京から上海までは1400キロあります。）
Cóng Běijīng dào Shànghǎi yǒu yìqiānsìbǎi gōnglǐ.

我 从 早上 8点 工作 到 晚上 9点。
Wǒ cóng zǎoshang bādiǎn gōngzuò dào wǎnshang jiǔdiǎn.

（私は朝8時から夜9時まで仕事をします。）

"从" は単独でも使います。

我 明天 早上 从 东京 出发。　（私は明日の朝東京から出発します。）
Wǒ míngtiān zǎoshang cóng Dōngjīng chūfā.

爸爸 从 早上 7点 开始 工作。　（父は朝7時から仕事をスタートします。）
Bàba cóng zǎoshang qīdiǎn kāishǐ gōngzuò.

DL 89　CD 2-19

中国　是　茶　文化　的　发祥地。　人们　在　两千　多　年　前　开始
Zhōngguó　shì　chá　wénhuà　de　fāxiángdì.　Rénmen　zài　liǎngqiān　duō　nián　qián　kāishǐ

品　茶。
pǐn　chá.

　　在　中国，　品　茶　成为　一　种　生活　方式。　喝茶　是　一　种
　　Zài　Zhōngguó,　pǐn　chá　chéngwéi　yì　zhǒng　shēnghuó　fāngshì.　Hē　chá　shì　yì　zhǒng

休息，　也　是　一　种　享受。　中国　茶叶　品种　很　多，　有　绿茶，
xiūxi,　yě　shì　yì　zhǒng　xiǎngshòu.　Zhōngguó　cháyè　pǐnzhǒng　hěn　duō,　yǒu　lùchá,

乌龙茶，　黑茶　和　花茶　等。
wūlóngchá,　hēichá　hé　huāchá　děng.

　　从　南　到　北，　全国　各地　有　很　多　茶馆。　这些　茶馆　给　人们
　　Cóng　nán　dào　běi,　quánguó　gèdì　yǒu　hěn　duō　cháguǎn.　Zhèxiē　cháguǎn　gěi　rénmen

带来了　轻松　时刻。　早上，　退休　的　老人们　从　家里　来到　茶馆。
dàiláile　qīngsōng　shíkè.　Zǎoshang,　tuìxiū　de　lǎorénmen　cóng　jiāli　láidào　cháguǎn.

他们　喝　茶，聊天。　中午，人　多起来　了，茶馆　也　热闹起来　了。
Tāmen　hē　chá,　liáotiān.　Zhōngwǔ,　rén　duōqǐlai　le,　cháguǎn　yě　rènàoqǐlai　le.

傍晚，　老人们　三三两两　回　家。
Bàngwǎn,　lǎorénmen　sānsānliǎngliǎng　huí　jiā.

DL 88　CD 2-18

■■■ 新出単語

1. **茶文化** cháwénhuà【名】お茶の文化
2. **品茶** pǐn chá【動】お茶を飲用する
3. **成为** chéngwéi【動】…となる
4. **种** zhǒng【量】一種の
5. **生活方式** shēnghuó fāngshì【名】ライフスタイル
6. **享受** xiǎngshòu【名】楽しみ
7. **茶叶** cháyè【名】茶の葉
8. **品种** pǐnzhǒng【名】種類
9. **乌龙茶** wūlóngchá【名】ウーロン茶
10. **黑茶** hēichá【名】黒茶
11. **花茶** huāchá【名】ジャスミン茶
12. **等** děng【助】など

13. **南** nán【名】南
14. **北** běi【名】北
15. **全国** quánguó【名】全国
16. **茶馆** cháguǎn【名】伝統的喫茶店
17. **带来** dàilái【動】もたらす
18. **轻松** qīngsōng【形】リラックスした
19. **时刻** shíkè【名】一時
20. **退休** tuìxiū【動】退職する
21. **老人** lǎorén【名】お年寄り
22. **傍晚** bàngwǎn【名】夕方
23. **三三两两** sān sān liǎng liǎng【副】三々五々と

1. 本文に基づいて次の質問に中国語で答えましょう。

① 中国　有 哪些 茶叶　品种?
　Zhōngguó yǒu nǎxiē cháyè pǐnzhǒng?

_____

② 茶馆　　每天　从　 什么时候　 热闹起来?
　Cháguǎn měitiān cóng shénmeshíhou rènaoqǐlai?

_____

③ 中国　 的 茶　文化　有　 多少年　 的 历史?
　Zhōngguó de chá wénhuà yǒu duōshaonián de lìshǐ?

_____

2. 次のピンインを簡体字に直し、日本語に訳しましょう。

① Zài Rìběn, cóng běi dào nán, yǒu hěn duō dàxué.

_____

日本語訳：

② Wǒ měitiān zǎoshang cóng jiāli qí zìxíngchē dào xuéxiào.

_____

日本語訳：

3. 次の日本語を中国語に訳しましょう。

① 人が多くなってきました。

_____

② 伝統的喫茶店が賑やかになってきました。

_____

③ 気温が暑くなってきました。

_____

④ 伝統的喫茶店は人々にリラックスした時間を与えます。

_____

蔡鸿： 美嘉，送 你 一 盒 龙井茶。
Měijiā, sòng nǐ yì hé lóngjǐngchá.

DL 91　CD 2-21

小林： 哇，太 棒 了！
Wā, tài bàng le!

蔡鸿： 这 是 我 妈妈 从 中国 给 我 寄来 的。
Zhè shì wǒ māma cóng Zhōngguó gěi wǒ jìlái de.

小林： 太 谢谢 了！ 这个 中国茶 怎么 泡？
Tài xièxie le! Zhèige Zhōngguóchá zěnme pào?

蔡鸿： 来，我 用 玻璃杯 给 你 泡 吧。
Lái, wǒ yòng bōlibēi gěi nǐ pào ba.

小林： 看，茶叶 浮上来 了。
Kàn, cháyè fúshànglai le.

（お茶を入れる）

蔡鸿： 你 喝 一下。
Nǐ hē yíxià.

小林： 真 香 啊。
Zhēn xiāng a.

DL 90　CD 2-20

■■■ 新出単語

1. 送 sòng【動】あげる、差し上げる
2. 盒 hé【量】ケース、箱
3. 龙井茶 lóngjǐngchá【名】龍井茶
4. 棒 bàng【形】すばらしい
5. 从 cóng【前】…から
6. 给 gěi【前】動作の方向を表す
7. 寄 jì【動】郵送する
8. 玻璃杯 bōlibēi【名】グラス
9. 泡 pào【動】お茶を入れる
10. 浮 fú【動】浮かぶ
11. 香 xiāng【形】いい香りがする様子

1. ペアになってお互いに質問し、空所に適語を入れて練習しましょう。

(1) 这 是 什么?
Zhè shì shénme?

这 是 我 给 你 [　　　　　]。
Zhè shì wǒ gěi nǐ 　　　　　.

① 做 的 四川菜	② 泡 的 茶	③ 买 的 书	④ 写 的 信
zuò de Sìchuāncài	pào de chá	mǎi de shū	xiě de xìn

(2) 最近 [　　　　] 起来了。
Zuìjìn 　　　　 qǐlaile.

① 热	② 冷	③ 热闹
rè	lěng	rènao

2. ( ) の中の日本語に合うように、下線部を埋めて読みましょう。

(1) A：这 是 我 爸爸 _____ 你 寄 _____ 的 绿茶。
　　　Zhè shì wǒ bàba 　　　 nǐ jì 　　　 de lùchá.

　　　　　　　　　　　　　　　　　　（これは父があなたに送ってきた緑茶です。）

　　　B：_____ 谢谢 了。　　　　　（本当にありがとうございます。）
　　　　　 xièxie le.

(2) A：你 爷爷 _____ 去 _____ 吗?
　　　Nǐ yéye 　　　 qù 　　　 ma?

　　　　　　　　　　　　　　　（あなたのお爺さんは毎日伝統的喫茶店に行きますか。）

　　　B：我 爷爷 _____ 家里 去 _____。　　（祖父は家から伝統的喫茶店に行きます。）
　　　　　Wǒ yéye 　　　 jiāli qù 　　　.

(3) A：你 _____ 我 _____ 一 杯 茶, 好 吗?　　（お茶を一杯入れてもらえますか。）
　　　Nǐ 　　　 wǒ 　　　 yì bēi chá, hǎo ma?

　　　B：好 的。
　　　　　Hǎo de.

3. 音声を聞いて、次の質問に答えましょう。　　🎧 DL 92　　💿 CD 2-22

(1) 美嘉去过中国的茶馆吗?

_____

(2) 美嘉喜欢中国的茶馆吗?

_____

(3) 美嘉喜欢咖啡吗?

_____

93

総合練習 Ⅳ

【チャレンジ1】

一　次の発音を聞いて、該当の単語を書きましょう。　🎧 DL 93　💿 CD 2-23

1 _____ 　　 2 _____ 　　 3 _____ 　　 4 _____ 　　 5 _____

6 _____ 　　 7 _____ 　　 8 _____ 　　 9 _____ 　　 10 _____

11 _____ 　　 12 _____ 　　 13 _____ 　　 14 _____ 　　 15 _____

二　次の会話文を聞いて、質問に対して三つの中から正しいものを選びましょう。　🎧 DL 94　💿 CD 2-24

1. A 中国　　　　　　　B 北京　　　　　　　C 美国

2. A 小王爸爸是中国人　B 小王爸爸在中国工作过　C 小王爸爸是汉语老师

3. A 去日本　　　　　　B 回国　　　　　　　C 去上海

4. A 去美国了　　　　　B 看电影了　　　　　C 去学校了

5. A 很热　　　　　　　B 很冷　　　　　　　C 不太冷

三　次の会話文を聞いて、質問に対して三つの中から正しいものを選びましょう。　🎧 DL 95　💿 CD 2-25

1. A 日本　　　　　　　B 中国　　　　　　　C 美国

2. A 花茶　　　　　　　B 绿茶　　　　　　　C 乌龙茶

【チャレンジ2】

一　次の単語から適切なものを選んで、センテンスの空白のところに入れましょう。

1. A 是　　　B 要　　　C 听说　　　D 的　　　E 都

① 王老师做（　　　　）菜很好吃。

② 爸爸明天（　　　　）去北京。

③ 今天同学们（　　　　）没有来学校。

④ （　　　　）你爸爸在中国工作过 3 年?

⑤ 上海（　　　　）中国最大的商业城市。

2. A 过　　　B 起来　　　C 来　　　D 给　　　E 没有

① 爷爷回（　　　　）了。

② 天热（　　　　）了。

③ 我今天晚上（　　　　）爸爸打电话。

④ 我妈妈在美国留学（　　　　）两年。

⑤ 我昨天晚上（　　　　）睡。

二　左側の文と合うよう右側の文を線で繋げましょう。

A	我爸爸很喜欢中国。	1.	我也喜欢妈妈做的菜。
B	你去过美国吗？	2.	王老师喜欢中国菜。
C	王老师喜欢日本菜还是中国菜？	3.	学校里学生多起来了。
D	妈妈做的菜很好吃。	4.	听说你爸爸去过中国。
E	开学了。	5.	没有，我只去过中国。

三　四つの単語から正しいものを選んで、括弧に入れましょう。

1. 天热（　　　　）了。

　　a. 起来　　　b. 回来　　　c. 上来　　　d. 下来

2. 我（　　　　）妈妈买了一件衣服。

　　a. 想　　　b. 要　　　c. 说　　　d. 给

3. 今天作业很多，我（　　　　）认真做好。

　　a. 考虑　　　b. 给　　　c. 想　　　d. 去

四　次の言葉を並べ替えて、一つのセンテンスにしましょう。

1. 我　在　哥哥　美国　过　两年　留学

　　兄はアメリカで二年間留学したことがあります。

　　（　　　　　　　　　　　　　　　　　　　　　　　）

2. 中国　是　上海　商业　最大　的　城市

　　上海は中国の最大の商業都市です。

　　（　　　　　　　　　　　　　　　　　　　　　　　）

3. 妈妈　东京　衣服　很　漂亮　在　买的

　　お母さんが東京で買った洋服はきれいです。

　　（　　　　　　　　　　　　　　　　　　　　　　　）

五　次の日本語を中国語に訳しましょう。

1. あなたはいつ国に帰りますか。

　　_____

2. 北京は冬が寒い。

　　_____

3. 私はお母さんに洋服を買ってあげました。

　　_____

中国的日本旅游热

●❶ 様態補語　●❷ 助動詞の"会","能","可以"　●❸ "越来越……"　●❹ "不仅……也"　●❺ "看来"

◎ ポイント1：　様態補語

　述語となる動詞の後ろに"得"を伴い、その動作・行為の状況を補足説明する。述語の後ろに必ず"得"を伴う。

　述語の動詞に目的語が伴う場合は、動詞をもう一度繰り返すが、前の動詞は省略できる。

雨　下得　很　大。　　　　　　　　　　（雨がすごい勢いで降っています。）
Yǔ　xiàde　hěn　dà.

小　王　走得　很　快。　　　　　　　　（王さんは歩くのが速いです。）
Xiǎo Wáng　zǒude　hěn　kuài.

他（说）汉语　说得　很　流利。　　　　（彼は流暢に中国語をしゃべることができます。）
Tā　shuō　Hànyǔ　shuōde　hěn　liúlì.

他（吃）饭　吃得　很　快。　　　　　　（彼は食べるのが速いです。）
Tā　chī　fàn　chīde　hěn　kuài.

否定文

小　王（写）字　写得　不　好。　　　　（王さんは字を書くのがうまくないです。）
Xiǎo Wáng　xiě　zì　xiěde　bù　hǎo.

疑問文

他（唱）歌　唱得　怎么样?　　　　　　（彼は歌を歌うのはどうですか。）
Tā　chàng　gē　chàngde　zěnmeyàng?

他（唱）歌　唱得　不　好。　　　　　　（彼は歌があまりうまくないです。）
Tā　chàng　gē　chàngde　bù　hǎo.

◎ ポイント2：　助動詞の"会","能","可以"

　助動詞の"会"は、学習や練習を通じて身につけた技能や能力を表す。

田中　会　说　汉语。　　　　　　　　　（田中さんは中国語がしゃべることができます。）
Tiánzhōng　huì　shuō　Hànyǔ.

我　会　游泳。　　　　　　　　　　　　（私は水泳ができます。）
Wǒ　huì　yóuyǒng.

你　会　游泳　吗?　　　　　　　　　　（あなたは水泳ができますか。）
Nǐ　huì　yóuyǒng　ma?

你　会　不　会　骑　自行车?　　　　　　（あなたは自転車に乗ることができますか。）
Nǐ　huì　bu　huì　qí　zìxíngchē?

我　不　会　游泳。　　　　　　　　　　（私は水泳ができません。）
Wǒ　bú　huì　yóuyǒng.

助動詞の"能"は、技能や能力を行使する可能性と条件も表す。

今天 我 感冒，不 能 游泳。　　（今日私は風邪を引いたので、水泳ができません。）
Jīntiān wǒ gǎnmào, bù néng yóuyǒng.

今天 台风 很 大，不 能 去 上学 了。
Jīntiān táifēng hěn dà, bù néng qù shàngxué le.

（今日は台風が強いので、通学ができなくなりました。）

助動詞の"可以"は、許可に近い意味で使われます。日本語では、「してもよい、してもかまわない」という意味で使われます。

我 可以 坐 这里 吗?　　（ここに座っても大丈夫ですか。）
Wǒ kěyǐ zuò zhèli ma?

这里 不 可以 抽烟。　　（ここはたばこを吸ってはいけません。）
Zhèli bù kěyǐ chōuyān.

◎ ポイント3：　"越来越……"

"越来越"＋形容詞という形で使われ、「(時がたつにつれて)ますます〜」という意味を表します。

天气 越来越 热 了。　　（天気がますます暑くなってきました。）
Tiānqì yuèláiyuè rè le.

人 越来越 多 了。　　（人がますます多くなってきました。）
Rén yuèláiyuè duō le.

物价 越来越 高 了。　　（物価がますます高くなりました。）
Wùjià yuèláiyuè gāo le.

越来越 多 的 中国人 来 日本 旅游。　（ますます多くの中国人が日本観光に来ました。）
Yuèláiyuè duō de Zhōngguórén lái Rìběn lǚyóu.

◎ ポイント4：　"不仅……也"

接続詞。「だけでなく、…も」という意味で、二つの特徴を持ち合わせることを表す。

我 姐姐 不仅 学习 好，性格 也 好。　　（姉は勉強ができるだけでなく、性格もいいです。）
Wǒ jiějie bùjǐn xuéxí hǎo, xìnggé yě hǎo.

东京 不仅 商店 多，大学 也 很 多。　　（東京は店が多いだけでなく、大学も多い。）
Dōngjīng bùjǐn shāngdiàn duō, dàxué yě hěn duō.

◎ ポイント5：　"看来"

動詞、経験または状況をもとに下した推測や判断を表します。

看来 小林 爸爸 很 喜欢 中国菜。
Kànlái Xiǎolín bàba hěn xǐhuān Zhōngguócài.

（小林さんのお父さんは中華料理がとても好きなようです。）

看来 他 今天 不 来 学校 了。　　　　（今日、彼は学校に来なくなったようです。）
Kànlái tā jīntiān bù lái xuéxiào le.

DL 97　CD 2-27

日本　是　个　美丽　的　岛国。　近年来，　来　日本　旅游　的　中国人
Rìběn shì ge měilì de dǎoguó. Jìnniánlái, lái Rìběn lǚyóu de Zhōngguórén

越来越　多　了。　2018　年，来　日本　的　中国　游客　有　830　万
yuèláiyuè duō le. Èrlíngyībā nián, lái Rìběn de Zhōngguó yóukè yǒu bābǎisānshí wàn

人。
rén.

　　在　古老　的　京都　和　奈良，　中国　游客　欣赏　传统　文化。　在
Zài gǔlǎo de Jīngdū hé Nàiliáng, Zhōngguó yóukè xīnshǎng chuántǒng wénhuà. Zài

繁华　的　大阪　和　东京，　中国　游客　买　东西　买得　很　多。　日本
fánhuá de Dàbǎn hé Dōngjīng, Zhōngguó yóukè mǎi dōngxi mǎide hěn duō. Rìběn

不仅　景色　美丽，　服务　也　好，　不　少　日本　店员　会　说　汉语。　中国
bùjǐn jǐngsè měilì, fúwù yě hǎo, bù shǎo Rìběn diànyuán huì shuō Hànyǔ. Zhōngguó

游客　在　日本　玩得　很　尽兴。
yóukè zài Rìběn wánde hěn jìnxìng.

DL 96　CD 2-26

■■■ 新出単語

1. 岛国 dǎoguó【名】島国
2. 近年来 jìnniánlái【名】近年来
3. 越来越 yuèláiyuè【副】ますます…となる
4. 古老 gǔlǎo【形】歴史の長い
5. 京都 Jīngdū【名】京都
6. 奈良 Nàiliáng【名】奈良
7. 欣赏 xīnshǎng【動】楽しむ
8. 传统 chuántǒng【名】伝統
9. 文化 wénhuà【名】文化
10. 繁华 fánhuá【形】栄えた様子を表す
11. 大阪 Dàbǎn【名】大阪
12. 不仅…也～ bùjǐn…yě~【接】…だけではなく～
13. 景色 jǐngsè【名】景色
14. 服务 fúwù【名】サービス
15. 少 shǎo【形】少ない
16. 店员 diànyuán【名】店員
17. 尽兴 jìnxìng【形】大満足

1. 本文に基づいて次の質問に中国語で答えましょう。

① 2018 年 来 日本 的 中国 游客 有 多少 人?
　　Èrlíngyībā nián lái Rìběn de Zhōngguó yóukè yǒu duōshao rén?

_____

② 中国 游客 在 京都 和 奈良 做 什么?
　　Zhōngguó yóukè zài Jīngdū hé Nàiliáng zuò shénme?

_____

③ 很 多 中国人 去 东京 和 大阪 做 什么?
　　Hěn duō Zhōngguórén qù Dōngjīng hé Dàbǎn zuò shénme?

_____

2. 次のピンインを中国語に直し、日本語に訳しましょう。

① Xiǎolín chàng gē chàngde hěn hǎo.

_____

日本語訳：

② Wǒ huì yóuyǒng, dànshì jīntiān gǎnmào, bù néng yóuyǒng.

_____

日本語訳：

③ Zuìjìn yuèláiyuè lěng le.

_____

日本語訳：

④ Wǒmen dàxué bùjǐn xuésheng duō, túshūguǎn yě duō.

_____

日本語訳：

3. 次の日本語を中国語に訳しましょう。

① アメリカを訪れる日本人がますます多くなってきています。

_____

② 観光客が大阪でたくさんの買い物をします。

_____

③ 日本は景色がきれいだけでなく、サービスも優れています。

_____

④ 中国人観光客が日本で楽しく遊んでいます。

_____

蔡 鴻： 美嘉，我 爸爸 妈妈 下 个 月 来 日本 旅游。  DL 99 CD 2-29
Měijiā, wǒ bàba māma xià ge yuè lái Rìběn lǚyóu.

小 林： 看来 他们 喜欢上 日本 了。
Kànlái tāmen xǐhuānshàng Rìběn le.

蔡 鴻： 是 啊。 他们 也 很 喜欢 你。 你 不仅 汉语 好，性格 也 好。
Shì a. Tāmen yě hěn xǐhuān nǐ. Nǐ bùjǐn Hànyǔ hǎo, xìnggé yě hǎo.

小 林： 谢谢 夸奖。
Xièxie kuājiǎng.

蔡 鴻： 对 了，你 这次 还 能 陪 我们 出去 玩 吗?
Duì le, nǐ zhèicì hái néng péi wǒmen chūqu wán ma?

小 林： 不 好 意思，最近 学习 很 忙。
Bù hǎo yìsi, zuìjìn xuéxí hěn máng.

蔡 鴻： 没 关系。 那 就 下 次 吧。
Méi guānxi. Nà jiù xià cì ba.

小 林： 祝 你们 玩得 开心。
Zhù nǐmen wánde kāixīn.

DL 98 CD 2-28
■ ■ ■ 新出単語
. . . .

1. **性格** xìnggé 【名】性格
2. **夸奖** kuājiǎng 【動】褒める
3. **对了** duìle 【動】ところで
4. **能** néng 【助動】できる
5. **陪** péi 【動】お供にする、案内する

6. **不好意思** bùhǎoyìsi 【慣】お礼やお詫びを するとき使う言葉
7. **祝** zhù 【動】お祈りする
8. **开心** kāixīn 【形】楽しい、嬉しい

1. ペアになってお互いに質問し、空所に適語を入れて答えましょう。

(1) 你 会 ⬚ 吗?
Nǐ huì   ma?
我 不 会 ⬚ 。
Wǒ bú huì

① 游泳	② 骑 自行车	③ 说 汉语	④ 说 英语	⑤ 开车
yóuyǒng	qí zìxíngchē	shuō Hànyǔ	shuō Yīngyǔ	kāichē

(2) 你 今天 能 ⬚ 吗?
Nǐ jīntiān néng   ma?
我 今天 不 能 ⬚ 。
Wǒ jīntiān bù néng

① 来 学校	② 游泳	③ 上课	④ 骑 自行车	⑤ 开车
lái xuéxiào	yóuyǒng	shàngkè	qí zìxíngchē	kāichē

(3) ⬚ 越来越 ⬚ 了, 我们 回家 吧?
     yuèláiyuè   le, wǒmen huíjiā ba?
好 的。
Hǎo de.

① 天 热	② 天 冷	③ 人 多	④ 人 少
tiān rè	tiān lěng	rén duō	rén shǎo

2. （ ）の中の日本語に合うように、下線部を埋めて読みましょう。

(1) A：明天 你 _____ 和 我 去 看 电影 吗? （明日私と映画を見に行くことが
      Míngtiān nǐ   hé wǒ qù kàn diànyǐng ma?   できますか。)
B：不 好 意思。 明天 我 要 去 学校。
      Bù hǎo yìsi. Míngtiān wǒ yào qù xuéxiào.
                              （すみません、明日は学校に行かなければいけません。)

(2) A：你 喜欢 我们 大学 吗?   （うちの大学は好きですか。)
      Nǐ xǐhuān wǒmen dàxué ma?
B：喜欢。 你们 大学 _____ 景色 美丽, 图书馆 _____ 多。
      Xǐhuān. Nǐmen dàxué   jǐngsè měilì, túshūguǎn   duō.
         （好きです。あなたの大学は景色がきれいなだけでなく、図書館も多いです。)

(3) A：你们 大学 _____ 有名 了。 （あなたたちの大学はますます有名になりましたね。)
      Nǐmen dàxué   yǒumíng le.
B：所以 最近 参观 我们 大学 的 人 也 _____ 多 了。
      Suǒyǐ zuìjìn cānguān wǒmen dàxué de rén yě   duō le.
         （だから最近はうちの大学を見学する人がますます多くなりました。)

3. 音声を聞いて、次の質問に対する正しい答えを選びましょう。 🎧 DL 100 ◎ CD 2-30

(1) 蔡鸿的爸爸妈妈什么时候来日本?

① 下个星期	② 明天	③ 下个月	④ 星期三

(2) 蔡鸿的爸爸妈妈要去哪些日本城市?

① 东京和大阪	② 京都和大阪	③ 东京和京都	④ 东京

(3) 蔡鸿的爸爸妈妈什么时候回中国?

① 后天	② 下个星期	③ 下个月	④ 明天

第14课　节约用水

❶ 使役文（"让、叫"）　❷ "虽然…但是～"　❸ "把"の構文　❹ "来"　❺ 結果補語"到"

◎ ポイント1：　使役表現（让、叫）

主語＋"让／叫"＋人＋動詞という形で、使役動詞（"让，叫"）を使って、使役の「～せる／させる」意味を表します。使役表現は、兼語文の文型を使って現れます。

老师 让 学生们 节约 用水。　　　（先生は学生たちに水を節約させます。）
Lǎoshī ràng xuéshēngmen jiéyuē yòngshuǐ.

爸爸 不 让 我 抽烟。　（父は私にタバコを吸わせない。）
Bàba bú ràng wǒ chōuyān.

明天 朋友 来我家玩，我 让 妻子 买了 两 瓶 葡萄酒。
Míngtiān péngyou lái wǒ jiā wán, wǒ ràng qīzi mǎile liǎng píng pútaojiǔ.
　　　　　　（明日、友人が家へ遊びに来るので、妻に二本のワインを買わせた。）

妈妈 叫 爸爸 戒烟。　（母は父にたばこをやめさせようとした。）
Māma jiào bàba jièyān.

◎ ポイント2：　"虽然…但是～"

接続詞。「…しかし、～」という逆接の意を表します。"虽然"または"但是"だけで使われる場合も多い。その場合は"虽然…但是～"というセットより、逆接のニュアンスがやや弱めとなる。

虽然 很 晚 了，但是 爸爸 还 没有 回 家。
Suīrán hěn wǎn le, dànshì bàba hái méiyǒu huí jiā.
　　　　　　　　　　（もう遅い時間ですが、父はまだ帰宅していません。）

这 家 饭店 虽然 很 贵，但是 不 好吃。
Zhèi jiā fàndiàn suīrán hěn guì, dànshì bù hǎochī.
　　　　　　　　　（このレストランは高いですが、おいしくありません。）

中国 水量 虽然 很 丰富，但是 人均 拥有量 不 多。
Zhōngguó shuǐliàng suīrán hěn fēngfù, dànshì rénjūn yōngyǒuliàng bù duō.
　　　　　　（中国の水の量は豊富ですが、一人あたりの保有量が多くありません。）

我 弟弟 虽然 只 是 个 中学生， 但是 很 有 想法。
Wǒ dìdi suīrán zhǐ shì ge zhōngxuéshēng, dànshì hěn yǒu xiǎngfǎ.
　　　　　　　　（弟は一介の中学生ですが、独自の見解を持っています。）

◎ ポイント3：　"把" の構文

主語＋"把"＋目的語＋動詞＋という形で、介詞 "把" を使って、目的語を動詞の前に出す構文。
動詞の後ろに形容詞または "了" を付け加えたりして、何らかの結果になることを表します。

你 感冒 了，把 这药 吃 了 吧。　　（あなたは風邪を引きました。この薬を飲んでください。）
Nǐ gǎnmào le,　bǎ zhèyào chī le ba.

风 大 了，你 把 窗 关好。　　（風が強くなったので、窓をしっかりと閉めて下さい。）
Fēng dà le,　nǐ bǎ chuāng guānhǎo.

你 明天 把 这 本 书 还 了 吧。　　（明日この本を返却してください。）
Nǐ míngtiān bǎ zhèi běn shū huán le ba.

我 把 作业 做完 了。　　（私は宿題を完成しました。）
Wǒ bǎ zuòyè zuòwán le.

妈妈 把 饭 做好 了。　　（お母さんは食事の用意を終えました。）
Māma bǎ fàn zuòhǎo le.

我 想 把 汉语 学好。　　（私は中国語をしっかりとマスターしたいです。）
Wǒ xiǎng bǎ Hànyǔ xuéhǎo.

◎ ポイント4：　"来"

動作の趨勢を表す。進んで何かをやりましょうという意味。

我 来 介绍 一下 吧。　　（ご紹介いたします。）
Wǒ lái jièshào yíxià ba.

这 台 电脑 好像 坏 了，你 来 修 一下 吧。
Zhèi tái diànnǎo hǎoxiàng huài le,　nǐ lái xiū yíxià ba.
　　（このパソコンが故障したようで、ちょっと直してくれませんか。）

◎ ポイント5：　結果補語 "到"

結果補語 "到" は、動詞の後ろについて、動作の結果を表します。

你 听到 门铃 声 了 吗?　　（ドアベルが聞こえましたか？）
Nǐ tīngdào ménlíng shēng le ma?

昨天 我 终于 买到了 奥林匹克 运动会 的 门票。
Zuótiān wǒ zhōngyú mǎidàole Àolínpǐkè yùndònghuì de ménpiào.
　　（昨日、オリンピックのチケットをやっと購入できました。）

DL 102　CD 2-32

很 多 国家 都 有 水资源 问题。 中国 也 一样。 中国 的
Hěn duō guójiā dōu yǒu shuǐzīyuán wèntí. Zhōngguó yě yíyàng. Zhōngguó de

水资源 问题 有 两 个, 一个 是 水量 问题, 一个 是 水质 问题。
shuǐzīyuán wèntí yǒu liǎng ge, yí ge shì shuǐliàng wèntí, yí ge shì shuǐzhì wèntí.

虽然 中国 的 水量 很 多, 但是 人均 拥有量 不 多。
Suīrán Zhōngguó de shuǐliàng hěn duō, dànshì rénjūn yōngyǒuliàng bù duō.

水质 问题 也 很 严重。 在 农村 地区, 很 多 人 喝不上 干净
Shuǐzhì wèntí yě hěn yánzhòng Zài nóngcūn dìqū, hěn duō rén hēbushàng gānjìng

的 水。
de shuǐ.

水资源 问题 让 人们 认识到了 环境 保护 的 重要性。
Shuǐzīyuán wèntí ràng rénmen rènshidàole huánjìng bǎohù de zhòngyàoxìng.

DL 101　CD 2-31

■■■■ 新出単語
. . . .

1. 水资源 shuǐzīyuán【名】水資源
2. 问题 wèntí【名】問題
3. 水量 shuǐliàng【名】水量
4. 水质 shuǐzhì【名】水質
5. 虽然…但是~ suīrán...dànshì~【接】しかし
6. 人均 rénjūn【動】一人あたりで
7. 拥有量 yōngyǒuliàng【動】保有量
8. 严重 yánzhòng【形】厳しい

9. 农村 nóngcūn【名】農村
10. 地区 dìqū【名】地区、地域
11. 干净 gānjìng【形】きれい
12. 水 shuǐ【名】水
13. 认识 rènshi【動】認識する
14. 环境 huánjìng【名】環境
15. 保护 bǎohù【名】保護
16. 重要性 zhòngyàoxìng【名】重要性

1. 本文に基づいて次の質問に中国語で答えましょう。

① 中国　有　水资源　问题　吗?
Zhōngguó yǒu shuǐzīyuán wèntí ma?

_____

② 中国　的　水量　多 不 多?
Zhōngguó de shuǐliàng duō bu duō?

_____

③ 中国　的 水资源　问题　严重　吗?
Zhōngguó de shuǐzīyuán wèntí yánzhòng ma?

_____

2. 次のピンインを中国語に直し、日本語に訳しましょう。

① Lǎoshī ràng wǒmen jiéyuē yòngshuǐ.

_____

日本語訳：

② Xuéxiào de shítáng suīrán bù hǎochī ,dànshì hěn piányi.

_____

日本語訳：

③ Hěn duō rén hēbushàng gānjìng de shuǐ.

_____

日本語訳：

3. 次の日本語を中国語に訳しましょう。

① 中国は二つの水资源問題があります。

_____

② 水量問題も深刻です。

_____

③ 田中さんは中国に行ったことがないが、中国語がとても上手です。

_____

小林： 今天 你 做 饭 很 辛苦，我 来 洗碗 吧。
Jīntiān nǐ zuò fàn hěn xīnkǔ, wǒ lái xǐwǎn ba.

 DL 104 CD 2-34

蔡鸿： 哎呀，你 把 水 开得 太 大 了。
Āiya, nǐ bǎ shuǐ kāide tài dà le.

小林： 这样 洗得 干净 啊。
Zhèyàng xǐde gānjìng a.

蔡鸿： 我 把 水 关小，也 能 洗得 很 干净。
Wǒ bǎ shuǐ guānxiǎo, yě néng xǐde hěn gānjìng.

小林： 的确 洗得 很 干净。
Díquè xǐde hěn gānjìng.

蔡鸿： 现在 水资源 不 足，我们 要 注意 节约 用水。
Xiànzài shuǐzīyuán bù zú, wǒmen yào zhùyì jiéyuē yòngshuǐ.

小林： 上 中学 的 时候，老师 一直 让 我们 节约 用水。
Shàng zhōngxué de shíhou, lǎoshī yìzhí ràng wǒmen jiéyuē yòngshuǐ.

蔡鸿： 中国 的 老师 也 经常 这么 说。
Zhōngguó de lǎoshī yě jīngcháng zhème shuō.

DL 103 CD 2-33

■ ■ ■ 新出単語
■ ■ ■ ■ ■ ■ ■ ■ ■ ■ ■ ■

1. 洗碗 xǐ wǎn 【動】食器を洗う
2. 哎呀 āiya【感】びっくりする気持ち、注意を喚起する時に使う
3. 洗 xǐ【動】洗う
4. 开 kāi【動】（蛇口を）開ける
5. 关 guān【動】（蛇口を）閉める
6. 的确 díquè【副】確かに
7. 不足 bùzú【形】不足

8. 注意 zhùyì【動】注意する
9. 节约 jiéyuē【動】節約する
10. 用水 yòngshuǐ【名】用水
11. 上中学 shàng zhōngxué【動】中学校に通う
12. 一直 yìzhí【副】ずっと
13. 经常 jīngcháng【副】いつも

1. ペアになってお互いに質問し、空所に適語を入れて答えましょう。

(1) A：你 把 ☐ 了 吗?
Nǐ bǎ le ma?

B：还 没有, 我 马上 去 把 ☐ 了。
Hái méiyou, wǒ mǎshàng qù bǎ le.

① 碗 洗　　② 衣服 洗　　③ 钱 还　　④ 饭 吃　　⑤ 作业 做
wǎn xǐ　　　yīfu xǐ　　　qián huán　　fàn chī　　zuòyè zuò

(2) A：我 来 ☐, 你 把 ☐ 给 我。
Wǒ lái , nǐ bǎ gěi wǒ.

B：好的。
Hǎode.

① 写 书　　② 看 一下 书　　③ 尝尝 碗　　④ 试试 这件 衣服
xiě shū　　kàn yíxià shū　　chángchang wǎn　　shìshi zhèijiàn yīfu

2. ( ) の中の日本語に合うように、下線部を埋めて読みましょう。

(1) 你 把 水 _____ 得 _____。　（あなたは蛇口をひねりすぎたんですよ。）
Nǐ bǎ shuǐ de .

(2) 爸爸 _____ 我 节约 用 钱。　（父は私にお金を節約するようにしています）
Bàba wǒ jiéyuē yòng qián.

(3) 爸爸 最近 很 忙, 吃饭 _____ 很 快。
Bàba zuìjìn hěn máng, chī fàn hěn kuài.
（父は最近忙しいので、食事を速く済ませています。）

3. 音声を聞いて、次の質問に対する正しい答えを書きましょう。 🎧 DL 105 💿 CD 2-35

(1) 美嘉在做什么?
_____

(2) 美嘉把水开得大吗?
_____

(3) 蔡鸿让美嘉做什么?
_____

❶ 比較表現 "比" ❷ 動量詞 ❸ "会" ❹ 離合詞

◎ ポイント 1： 比較表現 "比"

「A ＋ "比" ＋ B ＋形容詞」の形で、「A は B より～である」。

今天 比 昨天 热。 (今日は昨日より暑いです。)
Jīntiān bǐ zuótiān rè.

姐姐 比 我 高。 (お姉さんは私より身長が高いです。)
Jiějie bǐ wǒ gāo.

中国 的 国土 面积 比 日本 大。 (中国の国土面積は日本より広いです。)
Zhōngguó de guótǔ miànjī bǐ Rìběn dà.

日本人 的 平均 寿命 比 中国人 长。 (日本人の平均寿命は中国人より長いです。)
Rìběnrén de píngjūn shòumìng bǐ Zhōngguórén cháng.

形容詞の後に差を表す語を付け加える場合があります。

今天 比 昨天 热 多 了。 (今日は昨日よりだいぶ暑いです。)
Jīntiān bǐ zuótiān rè duō le.

姐姐 比 我 高 3 厘米。 (お姉さんは私より 3cm 身長が高いです。)
Jiějie bǐ wǒ gāo sān límǐ.

小 王 比 我 大 3 岁。 (王さんは私より 3 歳年上です。)
Xiǎo Wáng bǐ wǒ dà sān suì.

他 汉语 比 我 好 一些。 (彼の中国語は私より少し上手です。)
Tā Hànyǔ bǐ wǒ hǎo yìxiē.

否定は「A ＋ "没有" ＋ B ＋形容詞」の形となり、「A は B ほど～ではない」という意味になる。

我 没有 姐姐 高。 (私はお姉さんほど高くないです。)
Wǒ méiyǒu jiějie gāo.

日本 的 人口 没有 中国 多。 (日本の人口は中国ほど多くないです。)
Rìběn de rénkǒu méiyǒu Zhōngguó duō.

这 家 店 没有 那 家 店 便宜。 (この店はあの店ほど安くないです。)
Zhèi jiā diàn méiyǒu nèi jiā diàn piányi.

◎ ポイント2: 動量詞

動量詞は量詞の一種で、動作の回数を表します。"次"は「〜回」の意味です。
「動詞＋数詞＋動量詞」

他 一天 吃 5 顿 饭。　　　　（彼は一日5回食事をする。）
Tā yìtiān chī wǔ dùn fàn.

我们 每年 去 旅游 一 次。　　（私たちは毎年一回旅行します。）
Wǒmen měinián qù lǚyóu yí cì.

我 和 他 见过 两 次 面。　　　（私は彼と二回会ったことがあります。）
Wǒ hé tā jiànguo liǎng cì miàn.

◎ ポイント3: "会"

助動詞。"〜するはずである"という意味で使われます。

明天 会 下 雨。　　　　（明日は雨が降るはずです。）
Míngtiān huì xià yǔ.

爸爸 每天 跑步，他 会 瘦下来 的。
Bàba měitiān pǎobù, tā huì shòuxiàlai de.

　　　　　　　　　（父は毎日ランニングしているので、痩せてくるはずです。）

◎ ポイント4: 離合詞

VO型【動詞＋目的語】型という二音節動詞の一部は、分離して、その間に動量詞やアスペクト助詞（"了"，"过"）を入れることができます。

你们 见过 几 次 面?　　　　（あなたたちは何回会ったことがあります。）
Nǐmen jiànguo jǐ cì miàn?

我 结 过 婚。　　　　　　　（私は結婚したことがあります。）
Wǒ jié guo hūn.

吃 了 饭，出去 走走 吧。　　（ご飯を食べた後、外へ散歩に行きましょう。）
Chī le fàn, chūqù zǒuzou ba.

在 这儿 排 一下 队。　　　　（ここで列に並んでください。）
Zài zhèr pái yíxià duì.

DL 107 · CD 2-37

21 世纪, 人类 社会 第一次 迎来了 老龄化 时代。
Èrshiyī shìjì, rénlèi shèhuì dìyīcì yíngláile lǎolínghuà shídài.

中国 的 老年人 人口 增长得 很 快。 2015 年, 60 岁 以上
Zhōngguó de lǎoniánrén rénkǒu zēngzhǎngde hěn kuài. Èrlíngyīwǔ nián, liùshí suì yǐshàng

的 中国 老年人 有 2.2 亿 人, 比 日本 总人口 多 8千万 人。
de Zhōngguó lǎoniánrén yǒu èrdiǎnèr yì rén, bǐ Rìběn zǒngrénkǒu duō bāqiānwàn rén.

日本 的 老龄化 问题 也 很 严重。 2014 年, 60 岁 以上 人口
Rìběn de lǎolínghuà wèntí yě hěn yánzhòng. Èrlíngyīsì nián, liùshí suì yǐshàng rénkǒu

占 总人口 的 三分之一。 今后, 中日 两国 的 老年人 人口 会
zhàn zǒngrénkǒu de sānfēnzhīyī. Jīnhòu, Zhōngrì liǎngguó de lǎoniánrén rénkǒu huì

越来越 多。
yuèláiyuè duō.

日本 和 中国 都 有 尊重 老年人 的 传统。 日本 有
Rìběn hé Zhōngguó dōu yǒu zūnzhòng lǎoniánrén de chuántǒng. Rìběn yǒu

敬老日。 敬老日 是 9月 的 第 3 个 星期一。 中国 有 老年节。
jìnglǎorì. Jìnglǎorì shì jiǔyuè de dì sān ge xīngqīyī. Zhōngguó yǒu lǎoniánjié.

老年节 比 敬老日 晚 几 天, 是 农历 的 9月 9日。 在 敬老日 和
Lǎoniánjié bǐ jìnglǎorì wǎn jǐ tiān, shì nónglì de jiǔyuè jiǔrì. Zài jìnglǎorì hé

老年节 上, 人们 举办 敬老 活动, 向 老年人 表达 敬意 和 谢意。
lǎoniánjié shang, rénmen jǔbàn jìnglǎo huódòng, xiàng lǎoniánrén biǎodá jìngyì hé xièyì.

DL 106 · CD 2-36

■■■ 新出単語

1. **世纪** shìjì【名】世紀
2. **人类** rénlèi【名】人類
3. **迎来** yínglái【動】迎える
4. **老龄化** lǎolínghuà【名】高齢化
5. **时代** shídài【名】時代
6. **老年人** lǎoniánrén【名】高齢者
7. **增长** zēngzhǎng【動】増加する、成長する
8. **以上** yǐshàng【名】以上
9. **三分之一** sānfēnzhīyī【名】三分の一
10. **今后** jīnhòu【名】今後

11. **尊重** zūnzhòng【動】尊重する
12. **敬老日** jìnglǎorì【名】敬老の日
13. **老年节** lǎoniánjié【名】高齢者の日
14. **农历** nónglì【名】旧暦
15. **举办** jǔbàn【動】行う
16. **向** xiàng【前】…に
17. **表达** biǎodá【動】表す
18. **敬意** jìngyì【名】敬意
19. **谢意** xièyì【名】謝意

● 书面练习 Shūmiàn liànxí ●

1. 本文に基づいて次の質問に中国語で答えましょう。

① 中国　的　老年　人口　增长得　很　快　吗?
　Zhōngguó　de　lǎonián　rénkǒu　zēngzhǎngde　hěn　kuài　ma?

_____

② 日本　的　老龄化　问题　比　中国　严重　吗?
　Rìběn　de　lǎolínghuà　wèntí　bǐ　Zhōngguó　yánzhòng　ma?

_____

③ 中国　有　多少　60　岁　以上　的　老年人?
　Zhōngguó　yǒu　duōshao　liùshí　suì　yǐshàng　de　lǎoniánrén?

_____

2. （　）の日本語に合わせて次の言葉を並べ替えましょう。

① 中国　比　的　人口　多　日本　　　　　（中国の人口は日本より多い。）
　Zhōngguó　bǐ　de　rénkǒu　duō　Rìběn

_____

② 我　做的　饭　比　好吃　做的　饭　妈妈
　wǒ　zuòde　fàn　bǐ　hǎochī　zuòde　fàn　māma
　　　　　　（お母さんが作った料理は私が作った料理よりおいしいです。）

_____

③ 中国　增长　得　快　老年　人口　近年来　很
　Zhōngguó　zēngzhǎng　de　kuài　lǎonián　rénkǒu　jìnniánlái　hěn
　　　　　　（近年来、中国の高齢者人口は急速に増えた。）

_____

3. 次の中国語を日本語に訳しましょう。

① 中国老年人比日本多得多了。

_____

② 网上买东西比在商店买方便得多了。

_____

③ 日本的大学会越来越少吗?

_____

蔡鸿： 美嘉， 这周末 我们 去 看 电影 吧。　🎧 DL 109　⊚ CD 2-39
　　　 Měijiā, zhèzhōumò wǒmen qù kàn diànyǐng ba.

小林： 对不起， 这 星期六 我 要 去 福冈 看望 爷爷。
　　　 Duìbuqǐ, zhè xīngqīliù wǒ yào qù Fúgāng kànwàng yéye.

蔡鸿： 你 爷爷 家 那么 远? 那 你们 一年 见 几 次 面?
　　　 Nǐ yéye jiā nàme yuǎn? Nà nǐmen yìnián jiàn jǐ cì miàn?

小林： 2, 3次 左右 吧。 这次 是 去 庆祝 爷爷 80 岁 生日。
　　　 Liǎng, sāncì zuǒyòu ba. Zhèicì shì qù qìngzhù yéye bāshí suì shēngrì.

蔡鸿： 80 岁! 你 爷爷 比 我 爷爷 大 5 岁。
　　　 Bāshí suì! Nǐ yéye bǐ wǒ yéye dà wǔ suì.

小林： 这次 很 多 亲戚 都 会 来。
　　　 Zhèicì hěn duō qīnqi dōu huì lái.

蔡鸿： 这 星期六 你 爷爷 家 会 很 热闹。
　　　 Zhè xīngqīliù nǐ yéye jiā huì hěn rènao.

小林： 是 啊， 我 都 等不及 了。
　　　 Shì a, wǒ dōu děngbují le.

🎧 DL 108　⊚ CD 2-38

■ ■ ■ 新出単語

1. **周末** zhōumò 【名】週末
2. **福冈** Fúgāng 【名】福岡
3. **看望** kànwàng 【動】見舞う
4. **见面** jiànmiàn 【動】会う

5. **庆祝** qìngzhù 【動】祝う
6. **亲戚** qīnqi 【名】親戚
7. **等不及** děngbují 【動】待っていられない

● 口头练习 kǒutóu liànxí ●

1. 次の日本語を中国語に訳しましょう。

(1) 私の家はあなたの家より遠いです。

_____

(2) 父はあなたのお父さんより年上です。

_____

(3) 私は年に一回日本に帰ります。

_____

(4) 父は年に三回中国に行っています。

_____

2. （　）の中の日本語に合うように、下線部を埋めて読みましょう。

(1) A：你 弟弟 _____?　　　　（弟さんはおいくつですか。）
　　　　Nǐ　dìdi　　　　　　　　　　　?

　　 B：他 21 岁。_____。　　（21歳です。私より2歳年下です。）
　　　　Tā　èrshiyī suì.

(2) A：去年，你 去了 _____ 中国?　　（去年、あなたは何回中国に行きましたか。）
　　　　Qùnián,　nǐ　qùle　　　　　　Zhōngguó?

　　 B：去了 _____。　　　　　　　　（三回行きました。）
　　　　Qùle

(3) A：你 每年 回 _____ 中国?　　（あなたは年に何回中国に帰っていますか）
　　　　Nǐ měinián huí　　　　　　Zhōngguó?

　　 B：1 年 2，3 次 _____。　　　　　（年に二、三回ぐらいです。）
　　　　Yì nián liǎng sān cì　　　　.

3. 音声を聞いて、次の質問に答えましょう。　🎧 DL 110　💿 CD 2-40

(1) 美嘉这星期六干什么?

(2) 蔡鸿上个月看电影了吗?

(3) 美嘉看的电影比蔡鸿多吗?

総合練習 V

【チャレンジ 1】

一 次の発音を聞いて、該当の単語を書きましょう。　　　🎧 DL 111　💿 CD 2-41

1 _____	2 _____	3 _____	4 _____	5 _____
6 _____	7 _____	8 _____	9 _____	10 _____
11 _____	12 _____	13 _____	14 _____	15 _____

🎧 DL 112　💿 CD 2-42

二 次の会話文を聞いて、質問に対して三つの中から正しいものを選びましょう。

1. A　小王爸爸　　　　B　小王妈妈　　　　C　小王姐姐

2. A　650万人　　　　B　270万人　　　　C　40万人

3. A　把饭吃了　　　　B　把水关了　　　　C　把窗关了

4. A　来学校　　　　　B　买东西　　　　　C　休息

5. A　4次　　　　　　B　5次　　　　　　C　6次

🎧 DL 113　💿 CD 2-43

三 次の会話文を聞いて、質問に対して三つの中から正しいものを選びましょう。

1. A　北京　　　　　　B　上海　　　　　　C　大连

2. A　星期六中午　　　B　星期天中午　　　C　星期天晚上

【チャレンジ 2】

一 次の単語から適切なものを選んで、空欄を埋めましょう。

1. A 去　　B 让　　　C 得　　　D 把　　　E 越来越

① 王老师每年（　　　　）日本旅游。

② 今天客人来（　　　　）很多。

③ 最近天气（　　　　）热了。

④ 电话坏了，爸爸（　　　　）人来修。

⑤ 田中回到家里后（　　　　）作业做完了。

2. A 因为　　　B 能　　　C 但是　　　D 比　　　E 吧

① 昨天下雨，很多学生没（　　　　）来学校。

② 虽然已经很晚了，（　　　　）弟弟还没有回家。

③ 中国人口（　　　　）日本多。

④ （　　　　）弟弟喜欢学习英语，妈妈买了不少英语书。

⑤ 今天天气很好，你出去走走（　　　　）。

二 四つの単語から正しいものを選んで、括弧に入れましょう。

1. 我明天不（　　　　）学校上课。

    a. 去　　　　b. 来　　　　c. 走　　　　d. 看

2. 雨下（　　　　）很大，很多人不能回家了。

    a. 要　　　　b. 得　　　　c. 给　　　　d. 的

3. 妈妈（　　　　）我把窗关了。

    a. 从　　　　b. 让　　　　c. 给　　　　d. 把

三 左側の文と合うよう右側の文を選び、線で繋げましょう。

A 田中唱歌唱得很好。　　　　　　　1. 我想去中国旅游。

B 妈妈明天去商店买东西。　　　　　2. 田中喜欢唱歌。

C 日本不仅景色美丽，服务也好。　　3. 老师让我们平时节约用水。

D 世界上的水资源越来越少了。　　　4. 很多人都喜欢去日本旅游。

E 中国比日本大，自然风光也不错。　5. 我让妈妈给我买一本书。

四 日本語に合わせて次の言葉を並べ替えましょう。

1. 去　旅游　上海　的　很多　人

   上海へ旅行に行く人が多い。

   （　　　　　　　　　　　　　　　　　　　　　　　）

2. 说得　日语　说　不　好　他

   彼は日本語を上手にしゃべれません。

   （　　　　　　　　　　　　　　　　　　　　　　　）

3. 做好　我　饭　把　以前　了　妈妈　回家

   お母さんが帰宅する前、私はご飯を作りました。

   （　　　　　　　　　　　　　　　　　　　　　　　）

4. 这件　很贵　衣服　但是　很漂亮　虽然

   この洋服は高いですが、とてもきれいです。

   （　　　　　　　　　　　　　　　　　　　　　　　　）

5. 因为　中国游客　很多　会　日本店员　很多　汉语　说

   中国人観光客が多いので、多くの日本人店員が中国語ができます。

   （　　　　　　　　　　　　　　　　　　　　　　　　）

五 次の日本語を中国語に訳しましょう。

1. 弟はご飯を食べるのが速いです。

2. 先生は私たちに水を節約させます。

3. 今日は昨日より暑い。

4. アメリカ人観光客は中国人観光客より少ない。

5. 先生は毎日一回学校に行きます。

第16课 全球化时代的留学

❶ 二重目的語 　❷ 持続を表す"着" 　❸ "一…就〜" 　❹ "为了"

◎ ポイント1： 二重目的語

一部の動詞は二つの目的語を同時にもつことがあります。

動詞＋間接目的語＋直接目的語

王　老师　教　日本　学生　汉语。　　　（王先生は日本人学生に中国語を教えます。）
Wáng lǎoshī jiāo Rìběn xuésheng Hànyǔ.

小　张　给了　我　一　盒　巧克力。　　（張さんは私にチョコレートを一箱くれました。）
Xiǎo Zhāng gěile wǒ yì hé qiǎokèlì.

学生们　　送　王　老师　一　本　纪念　相册。
Xuéshēngmen sòng Wáng lǎoshī yì běn jìniàn xiàngcè.

（学生たちは王先生に記念アルバムを送ります。）

问　你　一　个　问题，可以　吗？　　（あなたに一つの質問をしていいですか。）
Wèn nǐ yí ge wèntí, kěyǐ ma?

我　告诉　你　一　个　好　消息。　　（一ついい知らせを伝えます。）
Wǒ gàosu nǐ yí ge hǎo xiāoxi.

否定文：

我　不　教　他们　汉语。　　（私は彼らに中国語を教えません。）
Wǒ bù jiāo tāmen Hànyǔ

弟弟　没　还　我　钱。　　（弟は私にお金を返してくれませんでした。）
Dìdi méi huán wǒ qián.

◎ ポイント2： 持続を表す"着"

動詞のすぐ後に付いて、動作・行為の結果が持続することを表します。

门　开着。　　（ドアが開いています。）
Mén kāizhe.

墙上　　贴着　广告。　　（壁に広告が貼り付けています。）
Qiángshang tiēzhe guǎnggào.

爸爸　昨天　晚上　戴着　眼镜　就　睡觉　了。
Bàba zuótiān wǎnshang dàizhe yǎnjìng jiù shuìjiào le.

（父は昨夜めがねをかけたまま寝てしまいました。）

今天　很　多　女生　穿着　和服　来　参加　毕业　典礼。
Jīntiān hěn duō nǚshēng chuānzhe héfú lái cānjiā bìyè diǎnlǐ.

（今日たくさんの女子学生が和服を着て卒業式に参加しました。）

◎ ポイント3：　"一…就〜"

接続詞。前の条件がそろうと、次のことが起きるということを表します。「…したら、すぐに〜」

爸爸 一 下班 就 和 同事们 去 喝 酒。
Bàba　yí　xiàbān　jiù　hé　tóngshìmen　qù　hē　jiǔ.

（父は退社するとすぐ同僚たちと飲みに行きます。）

弟弟 一 回 家 就 做 作业。　　（弟は家に帰るとすぐに宿題に取りかかります。）
Dìdi　yì　huí　jiā　jiù　zuò　zuòyè.

渡边 每天 早上 一起 来 就 去 跑步。
Dùbiān　měitiān　zǎoshang　yìqǐ　lái　jiù　qù　pǎobù.

（渡辺さんは毎日朝起きたらすぐジョギングに行きます。）

◎ ポイント4：　"为了"

目的を表す前置詞、…のためという意味を表します。

为了 不 迟到，他 每天 六 点 起床，七 点 出发。
Wèile　bù　chídào,　tā　měitiān　liù　diǎn　qǐchuáng　qī　diǎn　chūfā.

（遅刻しないように、彼は毎日6時に起きて、7時に出かけます。）

为了 学好 汉语，田中 打算 去 中国 留学 1 年。
Wèile　xuéhǎo　Hànyǔ, Tiánzhōng　dǎsuàn　qù　Zhōngguó　liúxué　yì　nián.

（中国語をしっかりと身につけるため、田中さんは中国へ一年間留学するつもりです。）

DL 115　CD 2-45

今天，　出国　留学　的　年轻人　越来越　多　了。　留学　成为　全球化
Jīntiān,　chūguó　liúxué　de　niánqīngrén　yuèláiyuè　duō　le.　Liúxué　chéngwéi　quánqiúhuà

时代　的　热潮。
shídài　de　rècháo.

很　多　中国　的　年轻人　对　国外　充满着　好奇心。　不　少　人
Hěn　duō　Zhōngguó　de　niánqīngrén　duì　guówài　chōngmǎnzhe　hàoqíxīn.　Bù　shǎo　rén

高中　一　毕业　就　留学　了。　留学　岁月　成为　他们　青春　记忆　的
gāozhōng　yí　bìyè　jiù　liúxué　le.　Liúxué　suìyuè　chéngwéi　tāmen　qīngchūn　jìyì　de

一部分。
yíbùfen.

在　中国　的　大学里　有　很　多　留学生。　这些　留学生　很
Zài　Zhōngguó　de　dàxuéli　yǒu　hěn　duō　liúxuéshēng.　Zhèxiē　liúxuéshēng　hěn

喜欢　中国。　中国　的　大学生们　对　他们　很　热情。　他们　教
xǐhuān　Zhōngguó.　Zhōngguó　de　dàxuéshēngmen　duì　tāmen　hěn　rèqíng.　Tāmen　jiāo

留学生　汉语，请　留学生　来　家里　作客，让　留学生　的　生活　丰富
liúxuéshēng　Hànyǔ,　qǐng　liúxuéshēng　lái　jiāli　zuòkè,　ràng　liúxuéshēng　de　shēnghuó　fēngfù

多彩。　留学　打开了　了解　中国　的　窗户。
duōcǎi.　Liúxué　dǎkāile　liǎojiě　Zhōngguó　de　chuānghu.

DL 114　CD 2-44

■■■ 新出単語
....

1. **出国** chūguó【動】海外に行く
2. **年轻人** niánqīngrén【名】若者
3. **全球化** quánqiúhuà【名】グローバル化
4. **热潮** rècháo【名】ブーム
5. **对** duì【前】…に対して
6. **国外** guówài【名】国外
7. **充满** chōngmǎn【動】溢れる
8. **着** zhe【助】動詞の後ろにつき、持続したままを表す
9. **好奇心** hàoqíxīn【名】好奇心
10. **毕业** bìyè【動】卒業する
11. **一…就~** yī…jiù~【接】…するやいなや~
12. **岁月** suìyuè【名】歳月
13. **青春** qīngchūn【名】青春
14. **记忆** jìyì【名】記憶
15. **一部分** yíbùfen【名】一部
16. **作客** zuòkè【動】訪問する
17. **打开** dǎkāi【動】開く
18. **了解** liǎojiě【動】理解する
19. **窗户** chuānghu【名】窓

1. 本文に基づいて次の質問に中国語で答えましょう。

① 高中 一 毕业 就 留学 的 中国人 多 不 多?
Gāozhōng yí bìyè jiù liúxué de Zhōngguórén duō bu duō?

_____

② 为了 让 留学生 了解 中国, 中国 学生们 做了 哪些 事?
Wèile ràng liúxuéshēng liǎojiě Zhōngguó, Zhōngguó xuéshēngmen zuòle nǎxiē shì?

_____

③ 中国 学生 能 教 外国 留学生 什么?
Zhōngguó xuésheng néng jiāo wàiguó liúxuéshēng shénme?

_____

2. 日本語に合うように、正しい語順に並べ替えましょう。

① 姐姐 结婚 大学 毕业 一 就 了
jiějie jiéhūn dàxué bìyè yī jiù le
(姉は大学卒業した後すぐ結婚しました。)

_____

② 为了 学习 留学 中国 哥哥 汉语 去 了
wèile xuéxí liúxué Zhōngguó gēge Hànyǔ qù le
(兄は中国語を勉強するため、中国留学に行きました。)

_____

③ 很 多 中国 对 好奇心 留学生 充满着
hěn duō Zhōngguó duì hàoqíxīn liúxuéshēng chōngmǎnzhe
(多くの留学生は中国に好奇心を抱いています。)

_____

3. 次の日本語を中国語に訳しましょう。

① 留学する学生がますます多くなってきています。

_____

② 日本人学生は中国人留学生に日本語を教えます。

_____

③ 姉は高校を卒業したら、すぐに中国へ留学に行きました。

_____

■■■ 会 話 ■■■

蔡鸿： 这 星期五 下午 四 点 有 一 个 联欢会，你 来 参加 交流 吗？
Zhè xīngqīwǔ xiàwǔ sì diǎn yǒu yí ge liánhuānhuì, nǐ lái cānjiā jiāoliú ma?

小林： 好 的。我 一 下课 就 来。
Hǎo de. Wǒ yí xiàkè jiù lái.

蔡鸿： 那天，我们 中国 留学生 教 大家 包 饺子。
Nàtiān, wǒmen Zhōngguó liúxuéshēng jiāo dàjiā bāo jiǎozi.

小林： 你 会 包 饺子 吗？
Nǐ huì bāo jiǎozi ma?

蔡鸿： 当然 会。那天 我 还 会 穿着 汉服 包 饺子。
Dāngrán huì. Nàtiān wǒ hái huì chuānzhe hànfú bāo jiǎozi.

小林： 那 一定 很 有意思。
Nà yídìng hěn yǒuyìsi.

蔡鸿： 你 教 大家 什么 呢？
Nǐ jiāo dàjiā shénme ne?

小林： 那 我 就 教 大家 折 纸鹤 吧。
Nà wǒ jiù jiāo dàjiā zhé zhǐhè ba.

■■■ 新出単語

1. **联欢会** liánhuānhuì【名】交歓会
2. **交流** jiāoliú【動】交流する
3. **下课** xiàkè【動】授業が終わる
4. **那天** nàtiān【名】その日
5. **大家** dàjiā【名】みんな
6. **包** bāo【動】包む、（餃子を）作る
7. **穿** chuān【動】着る
8. **汉服** hànfú【名】伝統式の中国服
9. **有意思** yǒuyìsi【形】面白い
10. **折** zhé【動】折る
11. **纸鹤** zhǐhè【名】折り紙

1. 次の表現パターンを使って、置き換えてみましょう。

(1) 妈妈 一 <u>下 班</u> 就 <u>回家</u>。
   Māma yí xià bān jiù huíjiā.

① 我 下课 回家	② 爸爸 回家 吃 饭	③ 妈妈 回家 做 饭
wǒ xiàkè huíjiā	bàba huíjiā chī fàn	māma huíjiā zuò fàn

(2) 我 <u>请</u> 你 <u>参加 一 个 联欢会</u>。
   Wǒ qǐng nǐ cānjiā yí ge liánhuānhuì.

① 来 我 家 玩儿	② 看 电影	③ 吃 日本菜	④ 来 中国 旅游
lái wǒ jiā wánr	kàn diànyǐng	chī Rìběncài	lái Zhōngguó lǚyóu

(3) 老师 <u>教</u> 学生 <u>包 饺子</u>。
   Lǎoshī jiāo xuésheng bāo jiǎozi.

① 教 日语	② 教 游泳	③ 教 骑 自行车	④ 教 汉语歌
jiāo Rìyǔ	jiāo yóuyǒng	jiāo qí zìxíngchē	jiāo Hànyǔgē

2. 次の日本語に合うように、下線部を埋めましょう。

(1) 爸爸, 你 今天 什么 时候 回家?
   Bàba, nǐ jīntiān shénme shíhou huíjiā?

   _____ 下班 _____ 回家。 （仕事が終わり次第、すぐに家に帰ります。）
                    xiàbān   huíjiā.

(2) 我 的 汉语 不 太 好。
   Wǒ de Hànyǔ bú tài hǎo.

   没 关系。我 _____。（私はあなたに中国語を教えますから。）
   Méi guānxi. Wǒ   .

(3) 很 多 女生 _____ 来 学校。
   Hěn duō nǚshēng   lái xuéxiào.

   （多くの女子学生が和服を着て学校にきました。）

3. 音声を聞いて、次の質問に答えましょう。 🎧 DL 118 ◎ CD 2-48

(1) 小李请小王做什么?

(2) 这是一部什么电影?

(3) 两人什么时候去看电影?

第17课　贫富差距问题

❶ 受け身文"被"の構文　❷ 存現文　❸ "一方面…另一方面～"　❹ "如果…的话，就～"

◎ ポイント1：　受け身文"被"の構文

動詞の前に"被"を使い、受け身を表す構文。
主語＋"被"＋（動詞の実施者）＋動詞

爸爸　的　钱包　被　偷　了。　　　　　　（父の財布は盗まれました。）
Bàba　de　qiánbāo　bèi　tōu　le.

我　今天　上课　迟到　被　老师　批评　了。
Wǒ　jīntiān　shàngkè　chídào　bèi　lǎoshī　pīpíng　le.

（私は今日授業に遅刻したため、先生に注意されました。）

这个　问题　一直　不　被　人们　重视。　（この問題はずっと人々に重視されていません。）
Zhèige　wèntí　yìzhí　bú　bèi　rénmen　zhòngshì.

田中　没　被（雨）淋湿。　　　　　　（田中さんは雨に濡れませんでした。）
Tiánzhōng　méi　bèi　yǔ　línshī.

◎ ポイント2：　存現文

「存在する」、「出現する」、「消滅する」という意味を表す動詞を述語に使い、ある起こった現象を表現する文型。自然現象や天候を言う場合もよく使われる。

外面　下雨　了。　　　　　　　　　　（外は雨が降り出しました。）
Wàimiàn　xiàyǔ　le.

班里　来了　一　个　新同学。　　　　　（クラスに新しい転校生が来ました。）
Bānli　láile　yí　ge　xīntóngxué.

市场上　　出了　很　多　新机型。　　　（多くの新機種が市場に出回りました。）
Shìchǎngshang　chūle　hěn　duō　xīnjīxíng.

「…、一方～」という意味で、二つのことまたは同じことの二つの側面を並列する。

中国　　経济　一方面　　总量　很 大，另　一方面　人均　收入 却 不 高。
Zhōngguó jīngjì yìfāngmiàn zǒngliàng hěn dà, lìng yìfāngmiàn rénjūn shōurù què bù gāo.
（中国経済は規模が大きいわりに、一人あたりの収入がそれほど高くありません。）

中国　　一方面　　水量　很 多，另　一方面　人均　拥有量 不 多。
Zhōngguó yìfāngmiàn shuǐliàng hěn duō, lìng yìfāngmiàn rénjūn yōngyǒuliàng bù duō.
（中国は水資源の量が多いが、一方一人あたりの保有量は多くありません。）

近代化　一方面 带来了 丰富 的　物质生活，另　一方面 也　造成了 资源 的
Jìndàihuà yìfāngmiàn dàiláile fēngfù de wùzhìshēnghuó, lìng yìfāngmiàn yě zàochéngle zīyuán de
浪费。　　　　　　　　　（近代化は生活の豊かさをもたらした一方、資源の浪費も作り出しました。）
làngfèi.

「もし…であれば、～になります」という仮設の意味を表します。

如果　明天　下 雨 的 话，我们　就 不 去 迪士尼乐园 了。
Rúguǒ míngtiān xià yǔ de huà, wǒmen jiù bú qù díshìnílèyuán le.
（もし明日雨が降れば、私たちはディズニーランドに行きません。）

如果　这次　考试 成绩　好 的 话，爸爸 会 给 我 买 一 台　电脑。
Rúguǒ zhèicì kǎoshì chéngjì hǎo de huà, bàba huì gěi wǒ mǎi yì tái diànnǎo.
（もし今回の試験でよい成績をとれば、父がパソコンを買ってくれます。）

如果 不 给 家里 打　电话，爸爸 和 妈妈 会 担心 的。
Rúguǒ bù gěi jiāli dǎ diànhuà, bàba hé māma huì dānxīn de.
（もし家に電話しなければ、父と母は心配するでしょう。）

DL 120　CD 2-50

21 世纪 的 今天, 贫富 问题 成为了 一个 重要 课题。
Èrshíyī shìjì de jīntiān, pínfù wèntí chéngwéile yí ge zhòngyào kètí.

很 多 国家 都 有 贫富 问题。 美国 一方面 是 经济 大国, 另
Hěn duō guójiā dōu yǒu pínfù wèntí. Měiguó yìfāngmiàn shì jīngjì dàguó, lìng

一方面 贫富 问题 也 很 严重。 2016 年, 美国 的 基尼系数 是
yìfāngmiàn pínfù wèntí yě hěn yánzhòng. Èrlíngyīliù nián, Měiguó de jīníxìshù shì

0.41。 日本 以前 是 "一亿 总中流", 现在 也 出现了 大量 低收入
língdiǎnsìyī. Rìběn yǐqián shì "yíyì zǒngzhōngliú", xiànzài yě chūxiànle dàliàng dīshōurù

人群。
rénqún.

中国 经济 发展 迅速, 现在 已经 是 世界 第 二 位。 不过,
Zhōngguó jīngjì fāzhǎn xùnsù, xiànzài yǐjīng shì shìjiè dì èr wèi. Búguò,

贫富 问题 却 比 以前 严重 了。 为了 生活, 很 多 农民 不得不
pínfù wèntí què bǐ yǐqián yánzhòng le. Wèile shēnghuó, hěn duō nóngmín bùdébù

外出 打工, 大量 的 "留守儿童" 被 留在了 农村。
wàichū dǎgōng, dàliàng de "liúshǒuértóng" bèi liúzàile nóngcūn.

贫富 问题 很 复杂, 发展 经济 不 是 最 有效 的 解决 方法。
Pínfù wèntí hěn fùzá, fāzhǎn jīngjì bú shì zuì yǒuxiào de jiějué fāngfǎ.

DL 119　CD 2-49

■ ■ ■ 新出単語

1. 贫富 pínfù【名】貧富
2. 重要 zhòngyào【形】重要な
3. 课题 kètí【名】課題
4. 经济 jīngjì【名】経済
5. 大国 dàguó【名】大国
6. 基尼系数 jīníxìshù【名】ジニー係数
7. 一亿总中流 yíyìzǒngzhōngliú【名】一億総中流
8. 出现 chūxiàn【動】現れる
9. 大量 dàliàng【形】大量の
10. 低收入 dīshōurù 収入が低い
11. 人群 rénqún【名】人の群れ
12. 发展 fāzhǎn【動】発展する
13. 迅速 xùnsù【形】急速
14. 第…位 dì…wèi 第…位

15. 却 què【副】かえって、しかし
16. 农民 nóngmín【名】農民
17. 不得不 bùdébù（動詞の前に置く）せざるをえない
18. 外出 wàichū【動】外出する、よそのところにいく
19. 留守 liúshǒu【動】留守する
20. 儿童 értóng【名】児童
21. 被 bèi【前】…される
22. 留 liú【動】残す
23. 复杂 fùzá【形】複雑な
24. 有效 yǒuxiào【形】有効な
25. 解决 jiějué【動】解決する
26. 方法 fāngfǎ【名】方法

● **书面练习** Shūmiàn liànxí ●

1. 本文に基づいて次の質問に中国語で答えましょう。

① 经济 大国 美国 有 贫富 问题 吗?
   Jīngjì dàguó Měiguó yǒu pínfù wèntí ma?

_____

② 中国 的 贫富 问题 严重 吗?
   Zhōngguó de pínfù wèntí yánzhòng ma?

_____

③ 日本 有 贫富 问题 吗?
   Rìběn yǒu pínfù wèntí ma?

_____

2. 次のピンインを簡体字に直し、日本語に訳しましょう。

① Jīntiān Zhōngguó de shuǐzīyuán wèntí hěn yánzhòng.

_____

   日本語訳：

② Zhōngguó yìfāngmiàn shì jīngjì dàguó, lìng yìfāngmiàn yě shì rénkǒu dàguó.

_____

   日本語訳：

3. 次の日本語を中国語に訳しましょう。

① 田中さんの自転車は先週盗まれました。

_____

② 昨日、私は先生に注意されました。

_____

③ 私たちのクラスに二人の留学生が来ました。

_____

4. 日本語の意味に合うように、正しい語順に並べ替えましょう。

① 我　了　爸爸　批评　被　　　　　　（私は父に注意されました。）
   wǒ   le   bàba   pīpíng   bèi

② 一方面　中国　不　好　水量　另一方面　水质　很　多
   yìfāngmiàn Zhōngguó bù hǎo shuǐliàng lìngyìfāngmiàn shuǐzhì hěn duō
   　　　　　　　　　　　　　　　（中国は水量が多い一方、水質がよくない。）

_____

③ 里　很　多　学校　来　了　留学生　　（学校にたくさんの留学生が来ました。）
   li   hěn   duō   xuéxiào   lái   le   liúxuéshēng

_____

DL 122　CD 2-52

小林：如果 你 有 时间， 能 给 我 介绍 一些 中国 的 贫富 问题
　　　Rúguǒ nǐ yǒu shíjiān, néng gěi wǒ jièshào yìxiē Zhōngguó de pínfù wèntí

吗？
ma?

蔡鸿：中国 以前 没有 贫富 问题， 因为 那时 大家 都 很 穷。
　　　Zhōngguó yǐqián méiyǒu pínfù wèntí, yīnwèi nàshí dàjiā dōu hěn qióng.

小林：现在 怎么样 呢？
　　　Xiànzài zěnmeyàng ne?

蔡鸿：现在 出现了 严重 的 贫富 问题。
　　　Xiànzài chūxiànle yánzhòng de pínfù wèntí.

小林：这 是 为什么？
　　　Zhè shì wèishénme?

蔡鸿：经济 发展 后， 人们 的 收入 差距 被 拉大 了。
　　　Jīngjì fāzhǎn hòu, rénmen de shōurù chājù bèi lādà le.

小林：如果 没有 经济 发展 的 话， 就 不 会 出现 贫富 问题 了。
　　　Rúguǒ méiyǒu jīngjì fāzhǎn de huà, jiù bú huì chūxiàn pínfù wèntí le.

蔡鸿：不 能 这么 说 吧。
　　　Bù néng zhème shuō ba.

DL 121　CD 2-51

■ ■ ■ 新出単語

1. 如果 rúguǒ【接】もしも

2. 那时 nàshí【名】あの時

3. 穷 qióng【形】貧しい

4. 为什么 wèishénme【代】なぜ

5. 差距 chājù【名】差

6. 拉大 lādà【動】（差が）開く、拡大する

7. 如果…就〜 rúguǒ…jiù〜【接】もしも

1. ☐の言葉を下線部に入れ替えて読みましょう。

(1) 我 被 [老师 批评] 了。
Wǒ bèi lǎoshī pīpíng le.

①我 的 自行车　　偷　　②弟弟　爸爸　批评　　③哥哥　雨 淋湿
wǒ de zìxíngchē tōu　　dìdi bàba pīpíng　　gēge yǔ línshī

(2) 东京 出现了 很 多 [低收入 的 年轻人]。
Dōngjīng chūxiànle hěn duō dīshōurù de niánqīngrén.

①中国 游客　　②留学生　　③商店
Zhōngguó yóukè　　liúxuéshēng　　shāngdiàn

(3) 如果 [今天 不 下雨]，我 就 [去 学校 上学]。
Rúguǒ jīntiān bú xiàyǔ, wǒ jiù qù xuéxiào shàngxué.

①他 给 我 打 电话 去 接 他　　②汉语 学得好 明年 去 中国 留学
tā gěi wǒ dǎ diànhuà qù jiē tā　　Hànyǔ xuédehǎo míngnián qù Zhōngguó liúxué

2. (　　)の日本語に合うように、下線部を埋めて読みましょう。

(1) 日本 _____ 是 人口 大国，_____ 也 是 经济 大国。
Rìběn shì rénkǒu dàguó, yě shì jīngjì dàguó.
(日本は人口大国であり、経済大国でもあります。)

(2) 中国 最近 _____ 了 贫富 问题。
Zhōngguó zuìjìn le pínfù wèntí.
(中国は最近、貧富格差の問題が現れました。)

(3) _____ 你 喜欢 这 部 电影，我们 _____ 这个 星期六 一起 去 看 吧。
nǐ xǐhuan zhèi bù diànyǐng, wǒmen zhèige xīngqīliù yìqǐ qù kàn ba.
(もしあなたがこの映画が好きだったら、今週土曜日に一緒に見に行きましょうか。)

3. 音声を聞いて、次の質問に答えてください。　🎧 DL 123　◎ CD 2-53

(1) 女学生的自行车呢?

_____

(2) 女学生每天怎么来学校?

_____

(3) 女学生明天来学校吗?

_____

第18课　环境问题

❶ "要…了"　　❷ "随着"　　❸ "既…也"　　❹ "只要…就"

◎ ポイント1：　"要…了"

「もうすぐ…する」という意味を表します。"快要…了"，"就要…了" ともいいます。

5　月　了，天　要　热起来　了。　　（五月となって、もうすぐ暑くなってきます。）
Wǔ yuè le, tiān yào rèqǐlai le.

要　开学　了。　　（新学期がもうすぐ始まります。）
Yào kāixué le.

姐姐　快要　结婚　了。　　（姉はもうすぐ結婚します。）
Jiějie kuàiyào jiéhūn le.

爸爸　就要　回国　了。　　（父はもうすぐ帰国します。）
Bàba jiùyào huíguó le.

◎ ポイント2：　"随着"

「…に伴って、…がますます」という意味で使われます。

随着 经济 的 发展，中国人 的 生活 越来越 好 了。
Suízhe jīngjì de fāzhǎn, Zhōngguórén de shēnghuó yuèláiyuè hǎo le.
（経済の発展に伴い、中国人の生活がますます良くなりました。）

随着 留学 生活 的 延长，我 的 汉语 越来越 流利 了。
Suízhe liúxué shēnghuó de yáncháng, wǒ de Hànyǔ yuèláiyuè liúlì le.
（留学生活が長くなるにつれて、私の中国語は徐々に流暢になりました。）

随着 年龄 的 增长，妹妹 开始 喜欢 古典 音乐 了。
Suízhe niánlíng de zēngzhǎng, mèimei kāishǐ xǐhuān gǔdiǎn yīnyuè le.
（年齢を重ねるにつれて、妹がクラシック音楽が好きになりました。）

「すでに…であるのみならず、また〜である」というように、物事の二つの側面を説明する場合
に使われます。

老师 的 表扬 既 是 激励, 也 是 压力。
Lǎoshī de biǎoyáng jì shì jīlì, yě shì yālì.

(先生が褒めてくれたことは、激励にもなり、プレッシャーにもなります。)

自动贩卖机 既 带来了 方便, 也 带来了 资源 的 浪费。
Zìdòngfànmàijī jì dàiláile fāngbiàn, yě dàiláile zīyuán de làngfèi.

(自動販売機は便利とともに、資源の浪費ももたらしました。)

「…でさえあれば／…しさえすれば、〜という結果が必ず生じる」という意味で使われます。

哥哥 只要 有 时间 就 读书。　　　　　(兄は時間さえあればきまって読書します。)
Gēge zhǐyào yǒu shíjiān jiù dúshū.

只要 明天 不 下雨,我们 就 去 富士山。
Zhǐyào míngtiān bú xiàyǔ, wǒmen jiù qù fùshìshān.

(明日雨さえふらなければ、私たちは富士山に行きます。)

只要 努力, 一定 能 学好 汉语。
Zhǐyào nǔlì, yídìng néng xuéhǎo Hànyǔ.

(努力しさえすれば、中国語はきっとマスターできます。)

DL 125　CD 2-55

近代　以来，随着　科学　技术　的　发展，出现了　大工业　生产。
Jìndài　yǐlái,　suízhe　kēxué　jìshù　de　fāzhǎn,　chūxiànle　dàgōngyè　shēngchǎn.

100 多　年　前，全世界　每年　生产　1万　辆　汽车，现在　快要　达到
Yìbǎi　duō　nián qián,　quánshìjiè　měinián　shēngchǎn　yíwàn　liàng　qìchē,　xiànzài　kuàiyào　dádào

1亿　辆　了。
yíyì　liàng　le.

大工业　生产　既　带来了　丰富　的　物质　生活，也　造成了　环境
Dàgōngyè　shēngchǎn　jì　dàiláile　fēngfù　de　wùzhì　shēnghuó,　yě　zàochéngle　huánjìng

污染。　想象　一下，如果　我们　的　先人　来到　现代　社会，他们　会　是
wūrǎn.　Xiǎngxiàng　yíxià,　rúguǒ　wǒmen　de　xiānrén　láidào　xiàndài　shèhuì,　tāmen　huì　shì

什么　心情？他们　也许　会　羡慕　我们　的　物质　生活。　不过，如果
shénme　xīnqíng?　Tāmen　yěxǔ　huì　xiànmù　wǒmen　de　wùzhì shēnghuó.　Búguo,　rúguǒ

先人们　看到了　被　污染　的　环境，他们　也　会　批评　我们　的　吧。
xiānrénmen　kàndàole　bèi　wūrǎn　de　huánjìng,　tāmen　yě　huì　pīpíng　wǒmen　de　ba.

DL 124　CD 2-54

■ ■ ■ 新出単語

1. 随着 suízhe【前】～に伴う
2. 技术 jìshù【名】技術
3. 工业 gōngyè【名】工業
4. 生产 shēngchǎn【名】生産
5. 辆 liàng【量】台
6. 汽车 qìchē【名】自動車
7. 达到 dádào【動】～に達する
8. 既…也～ jì…yě～ 並列を表す

9. 造成 zàochéng【動】作り出す
10. 污染 wūrǎn【動】汚染する
11. 想象 xiǎngxiàng【動】想像する
12. 先人 xiānrén【名】先人
13. 现代 xiàndài【名】現代
14. 心情 xīnqíng【名】心境、心情
15. 也许 yěxǔ【副】かもしれない
16. 羡慕 xiànmù【動】羨む

1. 本文に基づいて次の質問に中国語で答えましょう。

① 现在 世界 每年 生产 多少 辆 汽车?
Xiànzài shìjiè měinián shēngchǎn duōshao liàng qìchē?

_____

② 大工业 生产 给 现代 社会 带来了 什么?
Dàgōngyè shengchǎn gěi xiàndài shèhuì dàilaile shénme?

_____

③ 如果 先人们 看到了 现代人 的 生活，他们 会 是 什么 心情?
Rúguǒ xiānrénmen kàndàole xiàndàirén de shēnghuó, tāmen huì shì shénme xīnqíng?

_____

2. 次のピンインを簡体字に直し、日本語に訳しましょう。

① Wǒ zài Rìběn kàndàole hěn duō měilì de zìrán fēngguāng.

_____

② Suízhe jīngjì fāzhǎn, rénmen de shēnghuó yuèláiyuè hǎo le.

_____

3. 日本語の意味に合うように、正しい語順に並べ替えましょう。

① 自动 販卖机 资源 带来了 也 方便 造成了 的 既 浪费。
zìdòng fánmàijī zīyuán dàilaile yě fāngbiàn zàochéngle de jì làngfèi
（自動販売機は便利とともに、資源の浪費をももたらしました。）

_____

② 了 天 热 了 起来 6月
le tiān rè le qǐlái liùyuè
（もう6月で、暑くなります。）

_____

小 林： 蔡 鸿，你 怎么 有点儿 不 高兴？　🎧 DL 127　💿 CD 2-57
　　　　Cài Hóng, nǐ zěnme yǒudiǎnr bù gāoxìng?

蔡 鸿： 因为 没有 把 垃圾 分类，我 被 房东 批评 了。
　　　　Yīnwèi méiyǒu bǎ lājī fēnlèi, wǒ bèi fángdōng pīpíng le.

小 林： 日本 的 垃圾 分类 的确 很 严格。
　　　　Rìběn de lājī fēnlèi díquè hěn yángé.

蔡 鸿： 在 我 老家，只要 是 工作日，就 可以 扔。
　　　　Zài wǒ lǎojiā, zhǐyào shì gōngzuòrì, jiù kěyǐ rēng.

小 林： 时间 长 了，你 会 习惯 的。
　　　　Shíjiān cháng le, nǐ huì xíguàn de.

蔡 鸿： 听说 以前 日本 的 垃圾 分类 没有 那么 严格？
　　　　Tīngshuō yǐqián Rìběn de lājī fēnlèi méiyǒu nàme yángé?

小 林： 是 的。 随着 环保 意识 的 提高，这些 年 垃圾 分类 越来越
　　　　Shì de. Suízhe huánbǎo yìshi de tígāo, zhèxiē nián lājī fēnlèi yuèláiyuè

　　　　严格 了。
　　　　yángé le.

蔡 鸿： 提高 意识 很 重要 啊。
　　　　Tígāo yìshi hěn zhòngyào a.

🎧 DL 126　💿 CD 2-56

1. 有点儿 yǒudiǎnr【副】少し（マイナスの
　意味で使われることが多い）

2. 高兴 gāoxìng【形】嬉しい

3. 垃圾 lājī【名】ゴミ

4. 分类 fēnlèi【名】分類

5. 房东 fángdōng【名】大家

6. 严格 yángé【形】厳しい

7. 老家 lǎojiā【名】故郷、実家

8. 工作日 gōngzuòrì【名】平日

9. 扔 rēng【動】捨てる

10. 习惯 xíguàn【動】慣れる

11. 环保 huánbǎo【名】環境保護

12. 意识 yìshi【名】意識

13. 提高 tígāo【動】高める

1. （　　）の日本語に合うように、下線部を埋めて読みましょう。

(1) A：你　好像　有点儿 ＿＿＿＿＿＿＿？　　（気分が悪そうな顔をしていますね。）
　　　　Nǐ　hǎoxiàng　yǒudiǎnr　　　　　　　？

　　B：我　因为 ＿＿＿＿＿，今天　被 ＿＿＿＿＿ 了。
　　　　Wǒ　yīnwèi　　　　　jīntiān　bèi　　　　　le.
　　　（遅刻したため、今日は先生に叱られました。）

(2) 来　日本　的　中国　游客　越来越　多，最近　经常　能　听 ＿＿＿＿＿ 汉语。
　　Lái　Rìběn　de　Zhōngguó yóukè yuèláiyuè duō, zuìjìn jīngcháng néng tīng　　　　　Hànyǔ.
　　（日本に来る中国人観光客が増えるにつれて、最近は中国語をよく耳にします。）

2. 次の日本語を中国語に訳しましょう。

(1) 明日の天気さえよければ、私は出発します。

＿＿＿＿＿＿＿＿＿＿＿＿＿＿＿＿＿＿＿＿＿＿＿＿＿＿＿＿＿＿＿＿＿＿＿

(2) 経済さえ発展すれば、貧富問題は現れません。

＿＿＿＿＿＿＿＿＿＿＿＿＿＿＿＿＿＿＿＿＿＿＿＿＿＿＿＿＿＿＿＿＿＿＿

(3) アメリカは経済大国でもあり、人口大国でもあります。

＿＿＿＿＿＿＿＿＿＿＿＿＿＿＿＿＿＿＿＿＿＿＿＿＿＿＿＿＿＿＿＿＿＿＿

3. 音声を聞いて、次の質問に答えましょう。　　🎧 DL 128　◎ CD 2-58

(1) 美嘉昨天怎么了？

(2) 美嘉今天来学校了吗？

(3) 美嘉今天迟到了吗？

総合練習 VI

【チャレンジ1】

一 音声を聞き、以下の文章と一致するものに○、一致しないものに×をつけましょう。 DL 129　CD 2-59

1. 小林明年在日本学习。　　　　　　　　　　　　（　　）

2. 我昨天没有工作。　　　　　　　　　　　　　　（　　）

3. 今天学校里来了很多女学生。　　　　　　　　　（　　）

4. 妈妈没有钱了。　　　　　　　　　　　　　　　（　　）

5. 虽然爸爸工作很忙，但是他每天都回家吃晚饭。　（　　）

二 次の会話を聞いて、質問に対して三つの中から正しいものを選びましょう。 DL 130　CD 2-60

1. A　明天上午　　　　B　明天晚上　　　　C　明天下午

2. A　唱歌　　　　　　B　聊天　　　　　　C　包饺子

3. A　学校　　　　　　B　图书馆　　　　　C　女的家里

4. A　出发　　　　　　B　等人　　　　　　C　穿衣服

5. A　起床晚　　　　　B　迟到了　　　　　C　被批评了

6. A　吃日本菜　　　　B　在家里　　　　　C　来学校

7. A　上午　　　　　　B　下午　　　　　　C　晚上

【チャレンジ2】

一 次の単語から適切なものを選んで、空欄を埋めましょう。

1. A 为了　　　B 被　　　C 请　　　D 来　　　E 给

① 今天下雨，我衣服（　　　　　）淋湿了。

② （　　　　　）早上不迟到，我今天 6 点就起床了。

③ 爸爸，这个星期天我（　　　　　）我的同学来我家玩，好吗？

④ 毕业典礼的那天，我们学校（　　　　　）了很多学生的爸爸和妈妈。

⑤ 我每天都（　　　　　）妈妈打电话。

2. A 如果　　　B 要　　　C 就　　　D 被　　　E 为了

① 我今天（　　　　　）老师批评了。

② （　　　　　）你努力的话，你的汉语一定会学习得很快。

③ （　　　　　）学好汉语，田中明年去中国留学。

④ 姐姐快（　　　　　）结婚了。

⑤ 小林一有时间，（　　　　　）去图书馆学习。

二　左側の文と関連するものを右側の文から選び、線で繋げましょう。

A　我给你介绍一个朋友吧。　　　　　　1.　你现在这么喜欢吃生鱼片。

B　妈妈每天都去跑步。　　　　　　　　2.　对不起，下次我一定注意。

C　你没有把垃圾分类！　　　　　　　　3.　爸爸也一样，只要有时间就跑步。

D　田中今天有点儿不高兴。　　　　　　4.　谢谢，我已经有男朋友了。

E　我以前很不习惯吃生鱼片。　　　　　5.　他被老师批评了。

三　四つの単語から正しいものを選んで、括弧に入れましょう。

1.　很多大学生（　　　　）毕业，（　　　　）去国外留学。

　　　a. 就　　　　　b. 也　　　　　c. 只要　　　　d. 一

2.　我每个星期都去打工。打工（　　　　）能带来收入，（　　　　）能打开了解社会的窗户。

　　　a. 只要　　　　b. 也　　　　　c. 无论　　　　d. 既

3.　爸爸经常（　　　　）朋友到家里玩。

　　　a. 请　　　　　b. 让　　　　　c. 给　　　　　d. 把

四　日本語に合わせて次の言葉を並べ替えましょう。

1.　中国　　东京　　游客　　出现了　　很多
　　東京にたくさんの中国人観光客が現れた。
　　（　　　　　　　　　　　　　　　　　　　　　　　）

2.　越来越　　美国的　　问题　　贫富差距　　严重了
　　アメリカの貧富格差の問題がますます深刻となっている。
　　（　　　　　　　　　　　　　　　　　　　　　　　）

3.　上海　买　到　书　我　在　这本　了
　　私は上海でこの本を手に入れたのです。
　　（　　　　　　　　　　　　　　　　　　　　　　　）

4.　高中　了　毕业　一　留学　就　姐姐
　　姉は高校卒業するやいなやすぐに留学に渡りました。
　　（　　　　　　　　　　　　　　　　　　　　　　　）

五　次の日本語を中国語に訳しましょう。

1.　私は田中さんに中国語を教えます。

2.　今週の土曜日、先生は私たちに食事をごちそうします。

3.　窓が開いています。

4.　明日天気さえ良ければ、一緒に遊びに出かけましょう。

数字は初出の課。

chéngjì	成绩【名】成績	17
chéngshì	城市【名】都市	11
chéngwéi	成为【動詞】～となる	12
chī	吃【動】食べる	3
chídào	迟到【動】遅刻する	16
chōngmǎn	充满【動】溢れる	16
chōuyān	抽烟【動】タバコを吸う	13
chòudòufu	臭豆腐【名】チョドウフ	10
chū	出【動】出る	12
chūchāi	出差【動】出張する	5
chūfā	出发【動】出発する	12
chūguó	出国【動】海外に行く	16
chūxiàn	出现【動】現れる	17
chuān	穿【動】着る	16
chuāng	窗【名】窓	14
chuānghu	窗户【名】窓	16
chuàngyè	创业【動】起業する	11
chuántǒng	传统【名】伝統	13
cì	次【量】～回	15
cídiǎn	词典【名】辞書	6
cóng	从【前】…から	12
cóng...dào~	从…到~【前】…から~まで	12
cùxiāo	促销【名】バーゲンセール	4
cuò	～错　間違える	9

D

dǎ	打【動】（電話を）かける	12
dǎ	打【動】プレーする、やる	9
dǎkāi	打开【動】開く	16
dà	大【形】大きい	2
Dàbǎn	大阪【名】大阪	13
dádào	达到【動】に達する	18
dǎgōng	打工【動】アルバイト	3
dǎsuàn	打算【動】～するつもりだ、～する予定だ	5
dàguó	大国【名】大国	17
dàjiā	大家【名】みんな	16
Dàlián	大连【名】大連	11
dàliàng	大量【形】大量の	17
dàlóu	大楼【名】ビル	11
dàxué	大学【名】大学	1
dài	戴【動】身につける	16
dàilái	带来【動】もたらす	12
dānxīn	担心【動】心配する	17
dànshì	但是【接】しかし	6
dāngrán	当然【副】もちろん	8

dǎoguó	岛国【名】島国	13
dǎzhé	打折【動】～掛けする	4
de	得【助】可能補語を表す	9
de	得【助】様態補語を表す	13
de	的【助】～の	1
děng	等【助】など	12
děngbují	等不及【動】待っていられない	15
dīshōurù	低收入　収入が低い	17
díquè	的确【副】確かに	14
Díshìní lèyuán	迪士尼乐园【名】ディズニーランド	17
dì...wèi	第…位　第…位	17
dìdi	弟弟【名】弟	5
dìfang	地方【名】ところ	4
dìqū	地区【名】地区、地域	14
dìtiě	地铁【名】地下鉄	8
diǎn	点【量】時	3
diǎnlǐ	典礼【名】式典	16
diàn	店【名】店	15
diànchē	电车【名】電車	8
diànhuà	电话【名】電話	12
diànnǎo	电脑【名】パソコン	14
diànshì	电视【名】テレビ	2
diànyǐng	电影【名】映画	2
diànyǐngpiào	电影票【名】映画のチケット	12
diànyuán	店员【名】店員	13
dǒng	～懂	9
Dōngjīng	东京【名】東京	11
dōngtiān	冬天【名】冬	10
dōngxi	东西【名】物	4
dōu	都【副】皆、すべて、いずれも	3
duānwǔjié	端午节【名】端午の節句	4
dúshēngzǐ	独生子【名】一人子	8
dúshū	读书【動】読書をする	18
Dùbiān	渡边【名】渡辺	16
duì	对【前】…に対して	16
duìle	对了【動】ところで	13
dùn	顿【量】～回	15
duō	多【形】多い	2
duō	多【数】（数詞・数量詞の後に用いて端数のあることを示す）…余り	4
duō	多【副】どれだけ、どのぐらい	6
duō mínzú	多民族【名】多民族	10
duōcháng shíjiān	多长时间【疑】どれくらいの時間	5
duōduō guānzhào	多多关照【慣】よろしくお願	

137

hào	号【名】日	4
hē	喝【動】飲む	1
hé	盒【量】ケース、箱	12
hé	和【前】～と	1
héfú	和服【名】和服	16
hèkǎ	贺卡【名】メッセージカード	6
hēichá	黑茶【名】黒茶	12
hēikāfēi	黑咖啡【名】ブラックコーヒー	7
hěn	很【副】とても、大変、非常に	2
Héngbīn	横滨【名】横浜	8
hòu	后【名】あと、のち	9
huā	花【動】（時間・金などを）使う、費やす	7
huāchá	花茶【名】ジャスミン茶	12
huài	坏【形】壊れる	14
huán	还【動】返す	14
huàn	换【動】換える	9
huànchéng	换乘【動】乗り換える	8
huánbǎo	环保【名】環境保護	18
huánjìng	环境【名】環境	14
huánjìng jīngjìxué	环境经济学【名】環境経済学	5
huānyíng	欢迎【動】歓迎する	10
huángjīnzhōu	黄金周【名】ゴールデンウイーク	4
huì	会【助動】～かもしれない	13
huí guó	回国【動】帰国する	6
huíjiā	回家【動】帰宅する	3
hūnlǐ	婚礼【名】結婚式	11
huódòng	活动【名】活動	9

J

jì	寄【動】郵送する	12
jì…yě…	既…也…　並列を表す	18
jǐ	几【代】いくつ	3
jīlì	激励【動】激励する	18
jìniàn	纪念【名】記念	16
jīníxìshù	基尼系数【名】ジニー係数	17
jìshù	技术【名】技術	18
jìyì	记忆【名】記憶	16
jiā	家【量】家・家庭・商店・企業などの数を数える	7
jiāli	家里【名】家の中	8
jiāyóu	加油【動】頑張る	9
jiàn	件【量】個別のものごとや衣服などを数えることば	4
jiàn	见【動】会う	3

jiànmiàn	见面【動】会う	15
jiànzhù	建筑【名】建物	2
jiànzhùqún	建筑群【名】建築群	11
jiāo	教【動】教える	3
jiāo	交【動】渡す、手渡す、納める	3
jiǎo	角【量】角	4
jiào	叫【動】…という	1
jiào	叫【動】…させる	14
jiāoliú	交流【動】交流する	16
jiāohuàn	交换【動】交換する	5
jiàoshì	教室【名】教室	8
jiǎozi	饺子【名】餃子	7
jiē	接【動】迎える	8
jiéyuē	节约【動】節約する	14
jiéhūn	结婚【動】結婚する	11
jiějie	姐姐【名】お姉さん	11
jiějué	解决【動】解決する	17
jièshào	介绍【動】紹介する	12
jièyān	戒烟【動】禁煙する	14
jìn	近【形】近い	8
jìndài	近代【名】近代	11
jìndàihuà	近代化【名】近代化	17
jīngcháng	经常【副】いつも	14
Jīngdū	京都【名】京都	13
jīngjì	经济【名】経済	17
jìnglǎorì	敬老日【名】敬老の日	15
jǐngsè	景色【名】景色	13
jìngyì	敬意【名】敬意	15
jìnniánlái	近年来【名】近年来	13
jīnhòu	今后【名】今後	15
jīntiān	今天【名】今日	1
jìnxìng	尽兴【形】大満足	13
jiǔ	九【数】9	3
jiǔ	酒【名】酒	16
jiù	就【副】とっくに	5
jiùyào…le	就要…了【慣】もうすぐ…になる	18
jiǔ	久【形】久しい、長い時間にわたって	6
Jiǔzhōu	九州【名】九州	12
jūzhù	居住【動】居住する	11
jǔbàn	举办【動】行う	15

K

kāfēi	咖啡【名】コーヒー	3
kāi	开【動】（蛇口を）開ける	14
kāi xīn	开心【形】楽しい、嬉しい	13

kāichē	开车【動】運転する	8
kāishǐ	开始【動】開始する、始める	5
kāixué	开学【動】学期が始まる	1
kàn	看【動】みる	2
kànlái	看来【動】見たところ	13
kànwàng	看望【動】見舞う	15
kǎolǜ	考虑【動】考慮する、考える	5
kǎoshì	考试【名】試験	17
kè	刻【量】15分	3
kè	课【名】授業	1
kèchéng	课程【名】科目	5
kěshì	可是【接】でも、しかし	9
kěyǐ	可以【助動】～できる	13
kèren	客人【名】顧客、お客さん	7
kètí	课题【名】課題	17
kǒu	口【量】人口を数える	8
kuājiǎng	夸奖【動】褒める	13
kuài	块【量】貨幣の単位	4
kuài	快【形】速い	13
kuàilè	快乐【形】楽しい、うれしい	6
kuàiyào...le	快要…了【慣】もうすぐ…になる	18
kuān	宽【形】広い	6

liǎn shū	脸书【名】フェイスブック	6
liǎng	两【数】2	3
liàng	辆【量】台	18
liánhuānhuì	联欢会【名】交歓会	16
liànxí	练习【動】練習する	3
liáo	聊【動】話す、雑談する	6
liáotiān	聊天【動】おしゃべりをする	6
liǎojiě	了解【動】了解する	16
liáokuò	辽阔【形】広大	10
líng	零【数】ゼロ	3
línshī	淋湿【動】濡れる	17
liú	留【動】残す	17
liù	六【数】6	3
liúlì	流利【形】流暢である	13
líushǒu	留守【動】留守する	17
liúxué	留学【名】留学	5
liúxuéshēng	留学生【名】留学生	1
lóngjǐngchá	龙井茶【名】龍井茶	12
lóu	楼【名】ビルの一つ一つの階、フロア	4
lǚyóu	旅游【動】旅行する	10
lùchá	绿茶【名】緑茶	10

L

lādà	拉大【動】（差が）開く、拡大する	17
lājī	垃圾【名】ゴミ	18
lāmiàn	拉面【名】ラーメン	7
lái	来【動】来る	5
lái	来【動】動作の積極性を表す	14
làngfèi	浪费【名】浪費	17
lǎojiā	老家【名詞】故郷、実家	18
lǎolínghuà	老龄化【名】高齢化	15
lǎoniánjié	老年节【名】高齢者の日	15
lǎoniánrén	老年人【名】高齢者	15
lǎorén	老人【名】お年寄り	12
lǎoshī	老师【名】（学校の）先生	3
le	了【助】（動詞の後に置いて、動作や状態の実現、完了を表わし）～した	5
lěng	冷【形】寒い	2
li	里【名】…の中	8
lí	离【前】…（の場所）から	8
lǐmǐ	厘米【量】センチメートル	15
lǐmiàn	里面【名】中	8
lǐtáng	礼堂【名】講堂	2
lìshǐ	历史【名】歴史	1

M

ma	吗【助】～か	1
mápódòufu	麻婆豆腐【名】マーボー豆腐	7
mǎshàng	马上【副】すぐ	9
mǎi	买【動】買う	4
māma	妈妈【名】お母さん	1
máng	忙【形】忙しい	3
máo	毛【量】角	4
méi guānxi	没关系【慣】大丈夫	9
méi(yǒu)	没（有）【副】～ない	5
méiyǒu	没有【副】～していない	6
Měiguó	美国【名】アメリカ	10
měilì	美丽【形】美しい	10
měinián	每年【名】毎年	15
měitiān	每天【名】毎日	3
mèimei	妹妹【名】妹	5
mén	门【名】ドア	16
mén	门【量】科目	5
ménlíng	门铃【名】ドアベル	14
ménpiào	门票【名】入場券	14
mílù	迷路【動】道に迷う	11
mǐfàn	米饭【名】ご飯	10
mìqiè	密切【形】密接な	11

miànjī	面积【名】面積		15
miànshí	面食【名】小麦粉で作った食品の総称。麺類、マントー、餃子など		10
míngnián	明年【名】来年		5
míngtiān	明天【名】明日		3
míngzi	名字【名】名前		1
mùzào	木造【名】木造		11

N

nǎ	哪【代】どれ		2
nǎr	哪儿【代】どこ		2
nǎli	哪里【代】どこ		2
nǎli nǎli	哪里哪里【慣】いやいや		6
něige	哪个【代】どの		2
nǎinai	奶奶【名】祖母、おばあさん		8
nà	那【接】それでは、それなら		3
nà	那【代】あれ		2
nèige	那个【代】その、あの、あれ、それ		2
nàr	那儿【代】あそこ		2
nàli	那里【代】あそこ		2
nàtiān	那天【名】その日		16
nàshí	那时【名】あの時		17
Nàiliáng	奈良【名】奈良		13
nán	难【形】難しい		10
nán	南【名】南		12
nánfāng	南方【名】南方		10
ne	呢【助】～は？		3
néng	能【助動】できる		13
nǐ	你【代】あなた		1
nǐmen	你们【代】あなたたち		1
nǐ hǎo	你好【慣】こんにちは		1
nián	年【名】年		4
niánlíng	年龄【名】年齢		18
niánqīng	年轻【形】若い		11
niánqīngrén	年轻人【名】若者		16
nín	您【代】"你"の敬称		1
nóngcūn	农村【名】農村		14
nónglì	农历【名】旧暦		15
nóngmín	农民【名】農民		17
nǚshēng	女生【名】女子学生		16
nǔlì	努力【動】努力する		18

O

ōushì	欧式【名】洋式		2

P

pá	爬【動】登る		12
páiduì	排队【動】列に並ぶ		7
pāizhào	拍照【動】写真を撮る		7
pángbiān	旁边【名】そば		2
pǎo	跑【動】走る		12
pào	泡【動】お茶を入れる		12
pǎobù	跑步【動】ランニングする		15
péi	陪【動】お供にする、案内する		13
péngyou	朋友【名】友人		1
pīpíng	批评【動】注意する		17
piányi	便宜【形】値段が安い		4
piào	票【名】チケット		4
piàoliang	漂亮【形】きれい、美しい		2
pínfù	贫富【名】貧富		17
pǐnchá	品茶【動】お茶を飲用する		12
pǐnzhǒng	品种【名】種類		12
píng	瓶【量】本（ペットボトルや瓶の本数）		14
píngfāng gōnglǐ	平方公里【名】平方キロメートル		10
píngjūn	平均【名】平均		15
píngshí	平时【名】いつも、ふだん		4
pútaojiǔ	葡萄酒【名】ワイン		14
pǔtōnghuà	普通话【名】標準語		9

Q

qī	七【数】7		3
qí	骑【動】乗る		8
qīzi	妻子【名】妻		14
qǐchuáng	起床【動】起きる		3
qǐlái	起来【動】起きる		16
qìchē	汽车【名】自動車		18
qiān	千【数】1,000		4
Qiānyè	千叶【名】千葉		8
qiánbāo	钱包【名】財布		17
qiáng	墙【名】壁		16
qiǎokèlì	巧克力【名】チョコレート		16
qīnqi	亲戚【名】親戚		15
qǐng	请【動】招く		11
qǐng	请【動】どうぞ～してください		1
qīngchu	清楚【形】はっきりしている		9
qīngchūn	青春【名】青春		16
qīngsōng	轻松【形】リラックスした		12
qíngkuàng	情况【名】状況		7
qìngzhù	庆祝【動】祝う		15

qióng	穷【形】貧しい	17	
qù	去【動】行く	2	
quánguó	全国【名】全国	12	
quánqiúhuà	全球化【名】グローバル化	16	
quánshìjiè	全世界【名】全世界	11	
què	却【副】かえって、しかし	17	
qúnzi	裙子【名】スカート	11	

R

ránhòu	然后【副】その後	8
ràng	让【動】～させる	14
rè	热【形】熱い	12
rècháo	热潮【名】ブーム	16
rènao	热闹【形】賑やか	11
rèqíng	热情【形】大切にする	11
rén	人【名】人	1
rēng	扔【動】捨てる	18
rénjūn	人均【動】一人あたりで	14
rénkǒu	人口【名】人口	10
rénlèi	人类【名】人類	15
Rénmínbì	人民币【名】人民元、中国の通貨	4
rénqún	人群【名】人の群れ	17
rènshi	认识【動】認識する	14
rènzhēn	认真【形】真面目である	18
Rìběn	日本【名】日本	1
Rìběncài	日本菜【名】日本料理	7
Rìběnrén	日本人【名】日本人	1
Rìshì	日式【名】和式	7
Rìyǔ	日语【名】日本語	1
Rìyuán	日元【名】円	4
róngyì	容易【形】容易である	9
rúguǒ	如果【接】もしも	17
ruǎnshì	软式【名】ソフト	9

S

sān	三【数】3	3
sānfēnzhīyī	三分之一【名】三分の一	15
sānniánjí	三年级【名】三年生	1
sān sān liǎng liǎng	三三两两【副】三々五々と	12
shàngzhōngxué	上中学【動】中学校に通う	14
shàng(ge)xīngqī	上(个)星期【名】先週	4
shàng(ge)yuè	上(个)月【名】先月	4
shāngchǎng	商场【名】スーパーマーケット	2
shāngdiàn	商店【名】店、商店	4
shāngyè	商业【名】商業	11
Shànghǎi	上海【名】上海	5

shàngkè	上课【動】授業に出る、授業を受ける	1
shàngwǎng	上网【動】インターネットに接続する	6
shàngwǔ	上午【名】午前	3
shàngxué	上学【動】通学する	13
shàngxuéqī	上学期【名】前期	5
shǎo	少【形】少ない	13
shèhuìkēxuéxì	社会科学系【名】社会科学部	1
shèhuìxué	社会学【名】社会学	5
shètuán	社团【名】社団、サークル	9
shénme shíhou	什么时候【代】いつ	3
shénme	什么【代】何	1
shēnqǐng	申请【動】申し込む	5
Shēnzhèn	深圳【名】深圳（しんせん）	11
shēng	声【名】音	14
shēngrì	生日【名】誕生日	6
shēngchǎn	生产【名】生産	18
shēnghuó fāngshì	生活方式【名】ライフスタイル	12
shēnghuó xíguàn	生活习惯【名】生活習慣	10
shenghuó	生活【名】生活	9
shēnghuó	生活【動】生活する	5
shēngrì	生日【名】誕生日	6
shēngyúpiàn	生鱼片【名】刺身	10
shì de	是的【慣】そうですね	1
shí	十【数】10	3
shì	试【動】試みる、試す	9
shì	是【動】である	1
shíchā	时差【名】時差	6
shìchǎng	市场【名】市場	17
shídài	时代【名】時代	15
shì~de	是~的 ～したのだ	11
shíhou	时候【名】時、時期	5
shíjiān	时间【名】時間	18
shíkè	时刻【名】一時	12
shítáng	食堂【名】食堂	3
shǐyòng	使用【動】使用する	6
shìjì	世纪【名】世紀	15
shìqing	事情【名】こと、要件	5
shuìjiào	睡觉【動】寝る	16
shòu	瘦【形】痩せる	15
shǒudū	首都【名】首都	11
shǒuyì	手艺【名】腕前	10
shòumìng	寿命【名】寿命	15
shū	书【名】本	4

shūbāo	书包【名】鞄	5	
shūdiàn	书店【名】本屋	11	
shūfǎ	书法【名】書道	3	
shǔjià	暑假【名】夏休み	6	
shùmù	树木【名】樹木	2	
shuì	睡【動】寝る	5	
shuǐ	水【名】水	18	
shuǐzhì	水质【名】水質	14	
shuǐliàng	水量【名】水量	14	
shuǐzīyuán	水资源【名】水資源	14	
shuí/shéi	谁【代】だれ	1	
shuō	说【動】説明する、説く	9	
sì	四【数】4	3	
Sìchuāncài	四川菜【名】四川料理	10	
sòng	送【動】あげる、差し上げる	12	
suīrán...dànshì~	虽然…但是~【接】しかし	14	
suì	岁【量】歳	6	
suìyuè	岁月【名】歳月	16	
suízhe	随着【前置】に伴う	18	
suǒyǐ	所以【接】そのため	5	
sùshè	宿舍【名】寮	8	

T

tā	他【代】彼	1	
tā	它【代】それ	1	
tā	她【代】彼女	1	
tāmen	他们【代】彼ら	1	
tāmen	它们【代】それら	1	
tāmen	她们【代】彼女ら	1	
tái	台【量】~台	14	
tài~le	太~了【副】あまりにも~、~すぎる	7	
táifēng	台风【名】台風	13	
tán	弹【動】弾く	11	
tàocān	套餐【名】定食	7	
tígāo	提高【動】高める	18	
tiān	天【名】気温	12	
tiān	天【量】~日	8	
tiānqì	天气【名】天気	2	
Tiánzhōng	田中【名】田中	11	
tiē	贴【動】貼る	16	
tīng	听【動】聞く	9	
tīngshuō	听说【動】聞くところによると	11	
tóngshìmen	同事们【名】同僚たち	16	
tóngxué	同学【名】同級生	8	
tóngxuémen	同学们【名】同級生たち	12	

tōu	偷【動】盗む	17	
tuījiàn	推荐【動】推薦する	11	
tuījiàn	推荐【名】お薦め	6	
tuìxiū	退休【動】退職する	12	
túshūguǎn	图书馆【名】図書館	2	
túshūkǎ	图书卡【名】図書館利用カード	2	

W

wā	哇【擬】ワー	4	
wàichū	外出【動】外出する、よそのところにいく	17	
wàimiàn	外面【名】外	17	
wán	~完【動】…終えた	9	
wǎn	晚【形】遅くなる	14	
wàn	万【数】10,000	4	
wǎnglái	往来【動】往来	11	
wǎngqiú	网球【名】テニス	9	
wǎngshang	网上【名】インターネット	4	
wánr	玩儿【動】遊ぶ	8	
wǎnshang	晚上【名】夕方、夜	3	
wèishénme	为什么【代】なぜ	17	
wéi	喂【感】もしもし	6	
wèi	位【量】~人（丁寧な言い方）	12	
wēixìn	微信【名】ウィーチャット	6	
wèile	为了【前】~のために	16	
wèn	问【動】~を質問する	16	
wénhuà	文化【名】文化	13	
wénhuàlùn	文化论【名】文化論	5	
wèntí	问题【名】問題	14	
wǒ	我【代】わたし	1	
wǒmen	我们【代】私たち	1	
wǔ	五【数】5	3	
wūlóngchá	乌龙茶【名】ウーロン茶	12	
wūrǎn	污染【動】汚染する	18	
wùjià	物价【名】物価	4	
wùzhì	物质【名】物質	17	

X

xǐ	洗【動】洗う	14	
xǐ wǎn	洗碗【動】食器を洗う	14	
xì	系【名】学部	5	
xíguàn	习惯【動】慣れる	18	
xǐhuan	喜欢【動】好きだ、好む	2	
xǐshǒujiān	洗手间【名】トイレ	2	
xià	下【動】（雨が）降る	13	
xià(ge)xīngqī	下(个)星期【名】来週	4	

xià(ge)yuè	下(个)月【名】来月	4	
xiàbān	下班【動】退社する	16	
xià cì	下次【名】今度、次回	10	
xiàkè	下课【動】授業が終わる	16	
xiàwǔ	下午【名】午後	3	
xiān	先【副】さきに	2	
xiānrén	先人【名】先人	18	
xiàndài	现代【名】現代	18	
xiànmù	羡慕【動】羨む	18	
xiànzài	现在【名】いま	4	
xiāng	香【形】いい香りがする様子	12	
xiǎng	想【助動】～したい	7	
xiàngcè	相册【名】アルバム	16	
xiǎngfǎ	想法【名】考え方	14	
xiǎngshòu	享受【名】楽しみ	12	
xiǎngxiàng	想象【動】想像する	18	
xiàng	向【前】…に	15	
xiàngdǎo	向导【名】ガイド	2	
xiàngmù	项目【名】プロジェクト、プログラム、事業	5	
xiǎo	小【形】小さい	13	
xiǎo Wáng	小王 王さん	13	
xiǎogǒu	小狗【名】子犬	12	
Xiǎolín Měijiā	小林美嘉【名】小林美嘉	1	
xiǎoshí	小时【名】1時間	5	
xiàoyuán	校园【名】キャンパス	2	
xiē	些【量】複数を表す	10	
xiě	写【動】書く	1	
xièyì	谢意【名】謝意	15	
xièxie	谢谢【動】感謝する、ありがとう	2	
xìn	信【名】手紙	1	
xīnjīxíng	新机型【名】新機種	17	
xīngànxiàn	新干线【名】新幹線	10	
xīnkǔ	辛苦【形】辛い、たいへん	8	
xīnqíng	心情【名】心境、心情	18	
xīnshǎng	欣赏【動】楽しむ	13	
xīnshēng	新生【名】新入生	1	
xīntóngxué	新同学【名】転校生	17	
xìng	姓【動】姓は～である	1	
xìnggé	性格【名】性格	13	
xīngqī'èr	星期二【名】火曜日	3	
xīngqīliù	星期六【名】土曜日	3	
xīngqīrì	星期日【名】日曜日	3	
xīngqīsān	星期三【名】水曜日	3	
xīngqīsì	星期四【名】木曜日	3	
xīngqītiān	星期天【名】日曜日	3	

xīngqīwǔ	星期五【名】金曜日	3	
xīngqīyī	星期一【名】月曜日	3	
xiōngdì jiěmèi	兄弟姐妹【名】兄弟姉妹	8	
xiū	修【動】修理する	14	
xiūxi dàtīng	休息大厅【名】ラウンジ	3	
xiūxi	休息【動】休む	2	
xuǎnxiū	选修【動】選択履修する	1	
xuésheng	学生【名】学生	1	
xuéxí	学习【動】習う、学習する	1	
xuéxiào	学校【名】学校	3	
xùnsù	迅速【形】急速	17	

Y

yālì	压力【名】プレッシャー	18	
yáncháng	延长【動】長くなる	18	
yángé	严格【形】厳しい	18	
yǎnjìng	眼镜【名】めがね	16	
yánzhòng	严重【形】厳しい	14	
yào	药【名】薬	14	
yào	要【助動】…すべきである、…しなければならない	3	
yào	要【動】欲しい	7	
yào~le	要~了 ～しそうだ	13	
Yàzhōu	亚洲【名】アジア	11	
yéye	爷爷【名】祖父、おじいさん	8	
yě	也【副】～も	1	
yěxǔ	也许【副】かもしれない	18	
yèli	夜里【名】夜中	3	
yī	一【数】1	3	
yì	亿【数】100,000,000	4	
yī...jiù~	一……就～【接】…するやいなや～	16	
yī niánjí	一年级【名】一年生	1	
yīfu	衣服【名】服	4	
yíyàng	一样【形】同じ	3	
yíbùfen	一部分【名】一部	16	
yídìng	一定【副】きっと、必ず	4	
yíxià	一下【数】(動詞の後ろ) ちょっと、少し	9	
yíyàng	一样【形】同じ	3	
yǐjīng	已经【副】既に、もう	5	
yíyìzǒngzhōngliú	一亿总中流【名】一億総中流	17	
yǐlái	以来【名】以来	11	
yǐqián	以前【名】以前、昔	11	
yǐshàng	以上【名】以上	15	
yìfāngmiàn	一方面 一方で	17	
yìqǐ	一起【名】同じ所	8	

yìqǐ	一起【副】一緒に	1	
yìshí	意识【名】意識	18	
yìxiē	一些【量】少し	15	
yìzhí	一直【副】ずっと	14	
yīnyuè	音乐【名】音楽	9	
yīnghuā	樱花【名】桜	2	
yīnghuāshù	樱花树【名】桜の木	12	
Yīngyǔ	英语【名】英語	3	
yínglái	迎来【動】迎える	15	
yīnwèi	因为【接】～のために	7	
yòng	用【動】用いる	6	
yònghù	用户【名】ユーザー	6	
yòngshuǐ	用水【名】用水	14	
yōngyǒuliàng	拥有量【名】保有量	14	
yǒu	有【動】(所有) ある	6	
yǒudiǎnr	有点儿【副】少し（マイナスの意味で使われることが多い）	18	
yōujiǔ	悠久【形】悠久	11	
yóukè	游客【名】観光客	7	
yóuyǒng	游泳【動】泳ぐ	9	
yǒumíng	有名【形】有名である	11	
yǒuqù	有趣【形】おもしろい	11	
yǒushíhou	有时候【副】時々	9	
yōuyīkù	优衣库【名】ユニクロ	4	
yǒuyìsi	有意思【形】面白い	16	
yǒuxiào	有效【形】有効的	17	
yǔ	雨【名】雨	13	
yuán	元【量】元	4	
yuǎn	远【形】遠い	8	
yuánlái rúcǐ	原来如此【慣】なるほど	5	
yuè	月【名】月	4	
yuèláiyuè	越来越【副】ますます…となる	13	
yùndòngyī	运动衣【名】スポーツウェア	9	

Z

zázhì	杂志【名】雑誌	3	
zài	在…【副】…しつつある、…している	9	
zài	在【前】…で	3	
zài	在【動】ある	8	
zài	再【副】また、再び	6	
zánmen	咱们【代】私たち	1	
zǎofàn	早饭【名】朝ご飯	7	
zǎoshang	早上【名】朝	3	
zàochéng	造成【動】作り出す	18	
zěnme	怎么【代】どう、どのように	8	

zěnmeyàng	怎么样【代】如何ですか	3	
zēngzhǎng	增长【動】増加する、成長する	15	
zhàn	占【動】占める	10	
zhāng	张【量】～枚	4	
zhé	折【動】折る	16	
zhè	这【代】これ	2	
zhè(ge)xīngqī	这(个)星期【名】今週	4	
zhè(ge)yuè	这(个)月【名】今月	4	
zhe	着【助】動詞の後ろにつき、持続したままを表す	16	
zhéhé	折合【動】換算する	4	
zhèige	这个【代】これ、この、それ、その	2	
zhèli	这里【代】ここ、そこ	2	
zhème	这么【代】こんなに	5	
zhèr	这儿【代】ここ	2	
zhèyang	这样【代】このような	7	
zhēn	真【副】本当に	2	
zhèngzài~ne	正在~呢【副】～している	9	
zhèngzhì	政治【名】政治	11	
zhèxīngqī	这星期【名】今週	4	
zhèxuéqī	这学期【名】今学期	5	
zhǐ	只【副】ただ	7	
zhǐhè	纸鹤【名】折り紙	16	
zhǐyào~jiù	只要~就 ～しさえすれば…	18	
zhōng	钟【名】～間	5	
zhǒng	种【量】一種の	12	
zhōngcānguǎn	中餐馆【名】中華料理屋	7	
Zhōngguó	中国【名】中国	1	
Zhōngguócài	中国菜【名】中華料理	7	
Zhōngguórén	中国人【名】中国人	1	
zhōngwǔ	中午【名】昼間	3	
zhōngxīn	中心【名】中心	11	
zhòngshì	重视【動】重視する	17	
zhōngxuéshēng	中学生【名】中学生	14	
zhòngyào	重要【形】重要な	17	
zhòngyàoxìng	重要性【名】重要性	14	
zhōngyú	终于【副】ついに	14	
zhōumò	周末【名】週末	15	
zhǔshí	主食【名】主食	7	
zhù	祝【動】お祈りする	13	
zhù	住【動】住む、宿泊する	8	
zhùyì	注意【動】注意する	14	
zhuōzi	桌子【名】机	6	
zì	字【名】字	13	
zìdòng fànmàijī	自动贩卖机【名】自動販売機	18	
zìrán fēngguāng	自然风光【名】景色	10	

著　者

劉傑

鄭成

黄斌

表紙デザイン

(株)欧友社

イラスト

肖瀟

社会科学系学生のための初級中国語

2020年1月9日　初版発行
2023年2月20日　第4刷発行

鄭成

黄斌

発行者　福岡正人

発行所　株式会社　金星堂

〒101-0051　東京都千代田区神田神保町3-21
Tel. 03-3263-3828　Fax. 03-3263-0716
E-mail：text@kinsei-do.co.jp
URL：http://www.kinsei-do.co.jp

編集担当　川井義大　　　　　　　　2-00-0714
本書の無断複製・複写は著作権法上での例外を除き禁じられています。
本書を代行業者等の第三者に依頼してスキャンやデジタル化することは、
たとえ個人や家庭内での利用であっても認められておりません。
落丁・乱丁本はお取り替えいたします。
KINSEIDO, 2020, Printed in Japan

ISBN978-4-7647-0714-6　C1087

中国語音節表

韻母\声母	a	o	e	-i[ʅ]	-i[ɿ]	er	ai	ei	ao	ou	an	en	ang	eng	-ong	i[i]	ia	iao	ie
							介音なし												
ゼロ	a	o	e			er	ai	ei	ao	ou	an	en	ang	eng		yi	ya	yao	ye
b	ba	bo					bai	bei	bao		ban	ben	bang	beng		bi		biao	bie
p	pa	po					pai	pei	pao	pou	pan	pen	pang	peng		pi		piao	pie
m	ma	mo	me				mai	mei	mao	mou	man	men	mang	meng		mi		miao	mie
f	fa	fo						fei		fou	fan	fen	fang	feng					
d	da		de				dai	dei	dao	dou	dan	den	dang	deng	dong	di		diao	die
t	ta		te				tai		tao	tou	tan		tang	teng	tong	ti		tiao	tie
n	na		ne				nai	nei	nao	nou	nan	nen	nang	neng	nong	ni		niao	nie
l	la		le				lai	lei	lao	lou	lan		lang	leng	long	li	lia	liao	lie
g	ga		ge				gai	gei	gao	gou	gan	gen	gang	geng	gong				
k	ka		ke				kai	kei	kao	kou	kan	ken	kang	keng	kong				
h	ha		he				hai	hei	hao	hou	han	hen	hang	heng	hong				
j																ji	jia	jiao	jie
q																qi	qia	qiao	qie
x																xi	xia	xiao	xie
zh	zha		zhe	zhi			zhai	zhei	zhao	zhou	zhan	zhen	zhang	zheng	zhong				
ch	cha		che	chi			chai		chao	chou	chan	chen	chang	cheng	chong				
sh	sha		she	shi			shai	shei	shao	shou	shan	shen	shang	sheng					
r			re	ri					rao	rou	ran	ren	rang	reng	rong				
z	za		ze		zi		zai	zei	zao	zou	zan	zen	zang	zeng	zong				
c	ca		ce		ci		cai		cao	cou	can	cen	cang	ceng	cong				
s	sa		se		si		sai		sao	sou	san	sen	sang	seng	song				

介音 i						介音 u									介音 ü			
iou	ian	in	iang	ing	iong	u	ua	uo	uai	uei	uan	uen	uang	ueng	ü	üe	üan	ün
you	yan	yin	yang	ying	yong	wu	wa	wo	wai	wei	wan	wen	wang	weng	yu	yue	yuan	yun
	bian	bin		bing		bu												
	pian	pin		ping		pu												
miu	mian	min		ming		mu												
						fu												
diu	dian			ding		du		duo		dui	duan	dun						
	tian			ting		tu		tuo		tui	tuan	tun						
niu	nian	nin	niang	ning		nu		nuo			nuan				nü	nüe		
liu	lian	lin	liang	ling		lu		luo			luan	lun			lü	lüe		
						gu	gua	guo	guai	gui	guan	gun	guang					
						ku	kua	kuo	kuai	kui	kuan	kun	kuang					
						hu	hua	huo	huai	hui	huan	hun	huang					
jiu	jian	jin	jiang	jing	jiong										ju	jue	juan	jun
qiu	qian	qin	qiang	qing	qiong										qu	que	quan	qun
xiu	xian	xin	xiang	xing	xiong										xu	xue	xuan	xun
						zhu	zhua	zhuo	zhuai	zhui	zhuan	zhun	zhuang					
						chu	chua	chuo	chuai	chui	chuan	chun	chuang					
						shu	shua	shuo	shuai	shui	shuan	shun	shuang					
						ru	rua	ruo		rui	ruan	run						
						zu		zuo		zui	zuan	zun						
						cu		cuo		cui	cuan	cun						
						su		suo		sui	suan	sun						

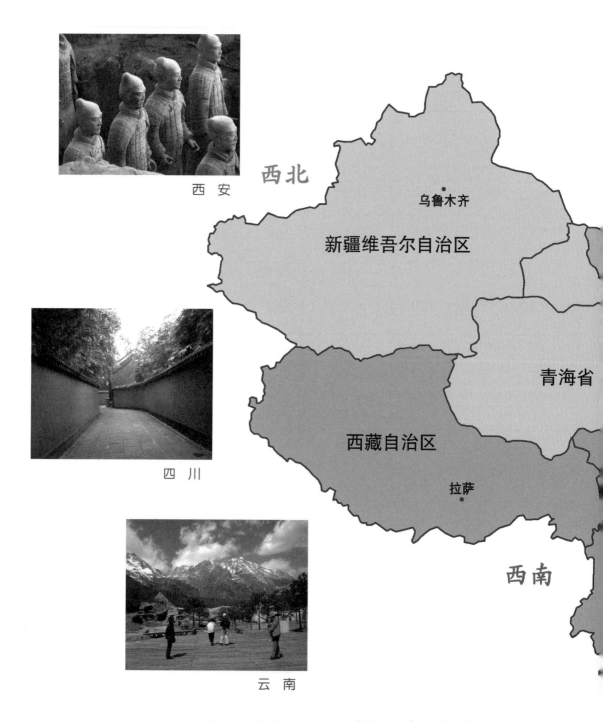

西北

西安

乌鲁木齐

新疆维吾尔自治区

四 川

青海省

西藏自治区

拉萨

西南

云 南

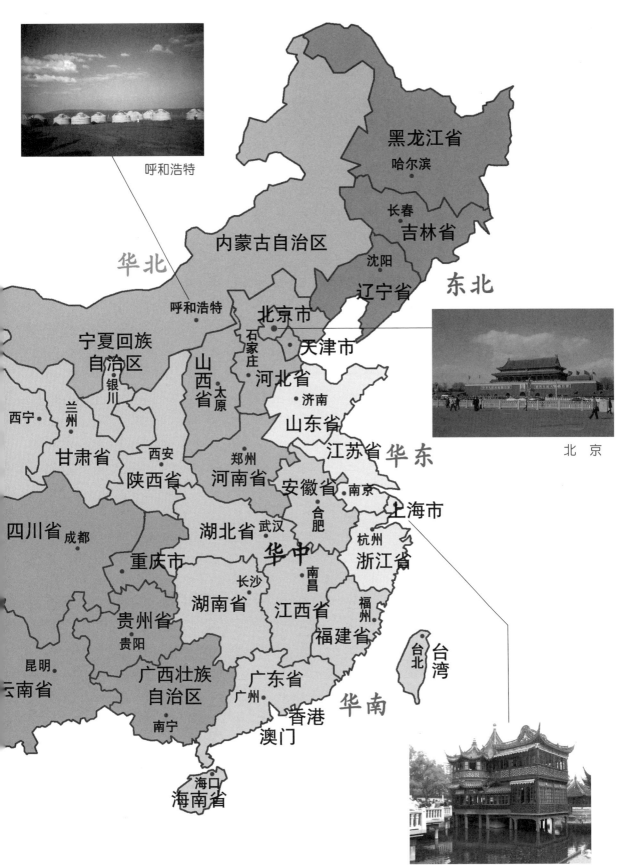

呼和浩特

黑龙江省
哈尔滨

长春
吉林省

沈阳
辽宁省

内蒙古自治区

华北

东北

呼和浩特

北京市
石家庄
天津市

宁夏回族
自治区

山西省
太原

河北省

济南

山东省

银川

江苏省 华东

西宁
兰州

甘肃省

西安

郑州

河南省

安徽省
南京

陕西省

合肥

上海市

四川省 成都

湖北省 武汉

华中

杭州

浙江省

重庆市

长沙

南昌

上海

湖南省

江西省

福州

贵州省
贵阳

福建省

台北
台湾

昆明
云南省

广西壮族
自治区

广东省

广州

华南

南宁

香港

澳门

海口
海南省

北京

上海